Worms/Haep u.a.

Elemente des Judo als Rehabilitationssport mehrfachbehinderter Menschen

Stiftung Behindertensport

Worms/Haep u.a.

Elemente des Judo als Rehabilitationssport mehrfachbehinderter Menschen

Ein Buch für die Praxis

Meyer & Meyer Verlag

Die Deutsche Bibliothek – CIP-Einheitsaufnahme

**Elemente des Judo als Rehabilitationsport mehrfachbehinderter Menschen /
Lutz Worms ... .**
– Aachen : Meyer und Meyer, 1999
(Stiftung Behindertensport)
ISBN 3-89124-550-5

Alle Rechte, insbesondere das Recht der Vervielfältigung und Verbreitung sowie das Recht der Übersetzungen, vorbehalten. Kein Teil des Werkes darf in irgendeiner Form – durch Fotokopie, Mikrofilm oder ein anderes Verfahren – ohne schriftliche Genehmigung des Verlages reproduziert oder unter Verwendung elektronischer Systeme verarbeitet, gespeichert, vervielfältigt oder verbreitet werden.

© 1999 by Meyer & Meyer Verlag, Aachen
Olten (CH), Wien, Oxford,
Québec, Lansing/ Michigan, Adelaide, Auckland, Johannisburg
Titelfoto: Marco Milic, zur Verfügung gestellt durch die Firma Otto Bock
Fotos im Innenteil: Reinhard Elbracht, Presse + Kommunikation, v. Bodelschwinghsche Anstalten Bethel und Marco Milic, zur Verfügung gestellt durch die Firma Otto Bock
Umschlaggestaltung: Walter Neumann, N&N Design-Studio, Aachen
Umschlagbelichtung: frw, Reiner Wahlen, Aachen
Satzbelichtung: frw, Reiner Wahlen, Aachen
Lektorat: Dr. Irmgard Jaeger, Aachen
Druck: Burg Verlag & Druck, Gastinger GmbH und Co. KG, Stolberg
Printed in Germany
Internetadresse: http://www.meyer-meyer-sports.com
e-mail: verlag@meyer-meyer-sports.com
ISBN 3-89124-550-5

Inhalt

Vorwort 7
Einleitung 9

1. Die Sportart Judo (W. Janko/ W. Koring) 13
2. Inhalte des Judosports (W. Janko) 19
3. Rehabilitationssport allgemein (H. Haep) 23
4. Judo als Rehasport (W. Janko) 27
5. Das Sportprojekt 'Judo mit mehrfachbehinderten Jugendlichen' 51
   5.1 Einleitung (L. Worms) 51
   5.2 Aus der Sicht des betreuenden Arztes (W. Koring) 53
   5.3 Aus der Sicht der sportwissenschaftlichen Begleitung (C. Baumann) ... 58
   5.4 Aus der Sicht des Übungsleiters (R. Aring) 67
6. Struktur einer Übungsleiterausbildung (W. Janko, J. Dahlmanns) 83

7. Anhang 89
   7.1 Adressen der Bundes- und Landesverbände des
       Deutschen Judo-Bundes 89
   7.2 Adressen der Bundes- und Landesverbände des
       Deutschen Behindertensportverbandes 91
   7.3 Adressen fachkundiger Einrichtungen 93
   7.4 Literatur und Videomaterial 94
   7.5 Zu den gesetzlichen Grundlagen des Rehasports 101
   7.6 Leitfaden zur Gründung einer Rehabilitationssportgemeinschaft ... 111
   7.7 Zu den Autoren 117
   7.8 Die Stiftung Behindertensport stellt sich vor 119

Vorwort

Die Stiftung Behindertensport hat ihre Arbeit im Jahre 1995 mit der Durchführung des 1. Internationalen Kongresses 'Rehabilitation durch Sport' aufgenommen. Die während der viertägigen Veranstaltung gehaltenen Referate liegen seit Mitte vergangenen Jahres als Kongressband vor. In dem Band ist nachlesbar, dass die überwiegende Zahl der Referenten das große Potenzial des Sports für die Rehabilitation erkannt hat und daran in Praxis und Theorie breit gefächert weiterarbeitet.

Der Stiftung geht es in erster Linie um die Förderung des Sports im Verein vor Ort; Sport als der Selbstverantwortung verpflichteten ganzheitlichen Rehabilitation Behinderter. Das heißt allerdings nicht, dass Sportdisziplinen unbesehen aus dem umfangreichen Sportangebot für Nichtbehinderte übernommen werden können. Das Sportangebot für Behinderte muss auf die Behinderung ausgerichtet sein (u.a. durch Modifizierung der Durchführung und der Regeln, Entwicklung neuer Sportarten und -geräte). Es muss dem Behinderten trotz seiner und mit seinen Funktionseinschränkungen und mit seinem verbliebenen Leistungsvermögen die aktive Teilnahme ermöglichen, den Neigungen Behinderter entgegenkommen, die geschlechtsspezifische Sportbetätigung der behinderten Frau sowie die Entwicklungsbesonderheiten des behinderten Kindes berücksichtigen und keine Sportdisziplinen zulassen, die die Behinderung verschlimmern oder zu einer weiteren Behinderung führen könnten.

Die wissenschaftlich untermauerte Klärung dieser Anforderungen an den Behindertensport überfordert die Sportvereine und Selbsthilfeorganisationen. Hier setzt die Stiftung an mit ihren Projekten und Modellvorhaben. Die Ergebnisse werden in Handreichungen veröffentlicht, die Vorständen, Übungsleitern, Trainern und Ausbildern in Sportvereinen und Selbsthilfeorganisationen Anregungen und Anleitung bei der Durchführung des Sports und Ausweitung des Sportangebots auf Behinderungsarten vermitteln sollen, an denen Betroffene bisher wegen eines fehlenden Angebots nicht teilnehmen konnten; ein Schwerpunkt der Förderung liegt darin, die rehabilitative (medizinische und soziale) Wirkung des bestehenden Angebots nachzuweisen.

Ein Beispiel für die Erfüllung dieser Aufgabe der Stiftung bietet vorliegende Handreichung, die die Elemente einer Sportart – nämlich Judo – nutzt. Der durch die Medien entstandenene Eindruck verdeckt die Tatsache, dass Judo in erster Linie eine sanfte Sportart ist, deren Elemente gerade im psychosomatischen Bereich wirkungsvolle Rehabilitation durch Erlernen und Einüben schadensabwehrenden Verhaltens bieten. Die nun vorliegende Handreichung bestätigt diese Aussage.

Dass die mit hohem Aufwand verbundene Arbeit erfolgreich durchgeführt werden konnte, verpflichtet die Stiftung, zu danken:
Dank an die Stiftung Westfalen e.V. (Heinz-Nixdorf-Stiftung) für die großzügige und von wohltuendem Verständnis getragene finanzielle Unterstützung des Projektes.

Dank an die v. Bodelschwinghschen Anstalten Bethel, die das Projekt durch engagierte Mitarbeiter sowie Übungs- und Trainingsstätten mitgetragen haben.
Besonderer Dank gilt den Trägern und Durchführern des Projektes in der Teilanstalt Bethel. Projektleiter Dr. L. Worms, und seinem Team Dr. W. Janko, Dr. W. Koring, Diplomsportlehrer C. Baumann und Judolehrer R. Aring haben mit bewundernswerter Geduld, altruistischem Engagement und mit zeitaufwendigem Einsatz das Projekt aufgegriffen und das Ergebnis erzielt, das in diesen Handreichungen vorliegt. Ohne einen solchen persönlichen Einsatz sind – das hat die Erfahrung gelehrt – die Projekte der Stiftung nicht zu realisieren.
Der Erfolg der Arbeit wird davon abhängen, dass die Handreichung genutzt, das Sportangebot für mehrfachbehinderte Menschen in den Vereinen aufgegriffen wird und Judo in der beschriebenen Ausübung einem weiteren Kreis Behinderter auf Dauer den Sport als Mittel der Rehabilitation – auch im Sinne der Rehabilitationsgesetzgebung – erschließt.

Die Stiftung Behindertensport fördert derzeit in den v. Bodelschwinghschen Anstalten Bethel ein weiteres Projekt mit dem Titel: Effekte des Trampolins auf Eigenaktivität und Aufmerksamkeit schwerstmehrfachbehinderter Menschen.
Der vorliegenden Handreichung wünsche ich regen Gebrauch als Hilfe zur **Rehabilitation durch Sport.**

Duisburg, im Dezember 1998
HEINZ HAEP
(Vorsitzender der Stiftung Behindertensport)

Einleitung

Was verbinden Sie, lieber Leser, mit dem Begriff 'Judo'? Denken Sie an Olympische Spiele, an Japan, an weiße Anzüge und bunte Gürtel? Ja, auch das ist Judo. Und es ist ein Sport, gekennzeichnet durch das Sichverbeugen vor dem Gegenüber, das Miteinander und Gegeneinander, Schnelligkeit, Beweglichkeit, Fairness ...

Judo ist keine jahrhundertealte Kampfsportart, es ist eigentlich eine moderne Philosophie, die erst im letzten Jahrhundert entstanden ist.

Judo – 'der sanfte Weg' – hat auch noch einen ganz anderen Anteil, der im Begriff Sport ursprünglich steckt, es ist das Sichvergnügen, Sichzerstreuen.

Wer die Judostunden in Bethel miterlebt, weiß:

> 'Das Spiel öffnet das Tor zur Seele' (Udo Graf zu Eulenburg).

Dabei geht es um ein psychosomatisches Gleichgewicht, um Harmonie und Ausgeglichenheit und es geht um das 'Aus-dem-Gleichgewicht-Bringen' des Gegenüber, das 'Tskuri-Komi'. Der vermeintliche Gegner in dieser Philosophie ist der Ausgleich des eigenen inneren und äußeren Ungleichgewichts:

Streben nach dem äußeren Gleichgewicht, das heißt, die Energie des Gegenübers zur eigenen Stabilität und Bewegung auszunutzen – und das Streben nach dem inneren Gleichgewicht als Zustand von Harmonie des Geistes und des Körpers.

Wer so Judo versteht, weiß um seinen besonderen Wert für behinderte Menschen.

Die Autoren dieser Handreichung haben sich nun gemeinsam auf den Weg gemacht, Judo mit Menschen zu erschließen, die durch geistige, körperliche oder seelische Behinderungen beeinträchtigt sind.

Grundlage bildet dabei die Vorstellung, dass das Anforderungsprofil des Judo so weit modifiziert werden kann wie nötig, um die Behinderten 'da abzuholen, wo ihre Möglichkeiten und Fähigkeiten liegen'. Auf dieser Basis sind psychosomatische Rehabilitation und soziale Weiterentwicklung effektiv und erlebbar.

So wird ein vermeintlich eindimensionaler = körperlicher Sport zu einem komplexen und ganzheitlichen Fördersystem entwickelt.

Ein Team von Sachverständigen hat sich mit dieser Handreichung auf den Weg gemacht, Möglichkeiten der Rehabilitation behinderter Menschen an der populären Sportart Judo zu entwickeln, wissenschaftlich zu belegen und praxisnah zu modifizieren.

- Dr. Wolfgang Janko hat durch seine viele Jahre währende Erfahrung im Umgang mit behinderten Kindern und Jugendlichen methodische und didaktische Grundlagen des Judo geschaffen. In induktiver Weise können über Spiel und Freude an Bewegung gezielt sensomotorische Effekte erzielt werden. Er ist durch vielfache Veröffentlichungen wie auch Lehrgänge als besonderer Experte ausgewiesen. Er ist Judolehrer.

- Christoph Baumann hat auf der Grundlage jahrelanger Erfahrung mit mehrfachbehinderten anfallskranken Jugendlichen in Bethel sein sportwissenschaftliches Studium mit der jahrgangsbesten Diplomarbeit 1996 an der Universität Bielefeld abgeschlossen. In seiner umfangreichen Longitudinalstudie hat er die außerordentlichen Fördermöglichkeiten eines modifizierten Judotrainings aufzeigen können, hochsignifikante koordinative und positive psychosoziale Entwicklungen konnten nachgewiesen werden. Er ist Judoka.

- Dr. Wilfried Koring war als behandelnder Kinderarzt für die medizinische Betreuung und Überwachung während der Studie verantwortlich. Er hat nicht nur die organisatorischen und formalen Umstände verantwortet, sondern durch sein beispielhaftes Umgehen als Arzt und Judoka auch die Motivation der Teilnehmer maßgeblich verstärkt.

- Rüdiger Aring hat als hochkompetenter und sensibler Judolehrer seit vielen Jahren Erfahrung mit behinderten Menschen. Er hat die Aufgabe gemeistert, rehabilitative und spielerisch-sportliche Anteile des Judo in deduktiver Form aufzubereiten. Seine Ausführungen verdeutlichen, wie es auch für mehrfachbehinderte Jugendliche möglich gemacht werden kann, komplexe Bewegungsabläufe über kleine Schritte mit ebenso vielen Erfolgserlebnissen zu erlernen.

Einleitung

- Heinz Haep, Ehrenpräsident des Deutschen Behindertensportverbandes (DBS) hat mit ausgewiesener Sachkenntnis den formalen Rahmen der Handreichung geschaffen und alle notwendigen Rechtsgrundlagen erläutert. Er hat sich darüber hinaus mit außerordentlicher Sensibilität seit vielen Jahren mehrfachbehinderten Menschen gewidmet und ihnen besondere Fördermöglichkeiten eröffnet. Als Vorsitzender der Stiftung Behindertensport gebührt ihm der Dank für die Möglichkeit einer großartigen interdisziplinären Zusammenarbeit.

Alle Referenten dieser Handreichung danken der Stiftung Behindertensport für das große ihnen entgegengebrachte Vertrauen, das die Basis für Innovation und Kreativität bildete beim Entstehen dieser Handreichung.

Anmerkung zum Sprachgebrauch:
Aus Gründen der besseren Lesbarkeit wird durchgängig die männliche Anredeform benutzt, die selbstverständlich die weibliche mit einschließt.

LUTZ WORMS

Foto: R. Elbracht, Bielefeld

1 Die Sportart Judo
1.1 Historische Entwicklung der Sportart Judo

1.1.1 Ursprung und Entwicklung des Judosports

Das Wort Judo setzt sich zusammen aus den japanischen Begriffen „dju" (=edel, vornehm, sanft) und „do" (= Weg, Grundsatz, Prinzip). Der Begriff Judo ist also zu übersetzen mit „sanfter Weg".

Judo entwickelte sich aus dem Jiu-Jitsu (sanfte Kunst). Was den Ursprung des Jiu-Jitsu betrifft, so ist die oft zu hörende Bezeichnung falsch, diese Kunst werde seit 2500 Jahren in Japan betrieben. Jiu-Jitsu ist keineswegs japanischen Ursprungs, sondern kommt – wie fast alles Japanische – aus China (vgl. JANKO 1978, S. 16; GRUNDMANN 1983, S. 161).

Die ethisch-moralische Grundlage für das Jiu-Jitsu liegt im stark vom Zen-Buddhismus beeinflussten Ehrenkodex der japanischen Ritterkaste (Samurai).

Der geistige Ursprung des Zen-Buddhismus wiederum liegt in der Lehre Buddhas und in der chinesischen Philosophie. Er hat seine Vereinigung und konkrete Beziehung auf Bewegungsaktivitäten unbestreitbar in China erfahren, wo die Einheit von Geist und Körper eine aktive, der Welt zugewandte, praktische Orientierung und in gewisser Hinsicht auch eine typisch chinesische Ausformung bekommt. Erst nach Jahrhunderten erreichte die Bewegungs- und Geisteskultur auf dem Weg über Korea auch Japan, wo sie allerdings auf fruchtbaren Boden fiel. Insbesondere vom japanischen Ritteradel wurde sie aufgegriffen und hat dessen Ehrenkodex, den Bushido, geprägt (TIWALD 1981, S. 70).

Mit dem Niedergang der Samurai in der zweiten Hälfte des 19. Jahrhunderts, der sich ähnlich wie der Niedergang der Ritterorden in Europa vollzog, verlor auch ihre Kunst an Bedeutung. Es kam die Zeit, da nur noch wenige Japaner Kenntnisse vom waffenlosen Kampfsystem Jiu-Jitsu hatten.

Dem deutschen Gelehrten Erich BÄLZ, der von 1872-1884 an der Kaiserlichen Universität zu Tokio lehrte, verdankt Japan die Rückbesinnung auf seine traditionsreiche Zweikampfdisziplin.

Die durch eine nachhaltige Begeisterung für alles Westliche (HOFMANN 1978, S. 9) hervorgerufene Hinwendung der japanischen Jugend zu wissenschaftlicher Betätigung und die damit verbundene einseitige geistige Belastung veranlassten den der deutschen Turnbewegung verbundenen BÄLZ, nach einem körperlichen Ausgleich für seine Studenten zu suchen. Er fand ihn im alten System des Jiu-Jitsu.

Einer seiner Studenten war Jigoro KANO. KANO lernte und trainierte bei verschiedenen Meistern Jiu-Jitsu und erkannte bald die positiven Einflüsse dieser Kunst auf die Entwicklung der körperlichen und geistigen Kräfte des Menschen. Seine Hauptkritik an diesem traditionellen System der Selbstverteidigung aber richtete sich dagegen, dass das Ziel des Kampfes immer noch die Kampfunfähigkeit, ja der Tod des Gegners war.

Er entwickelte daher ein System, aus dem er allmählich alle gefährlichen Tritte, Stöße und Griffe eliminierte. Dafür verbesserte er die für einen sportlichen Zweikampf notwendigen Angriffs- und Verteidigungstechniken, indem er neue Techniken kreierte. Den Hauptschwerpunkt der Unterrichtung legte er jedoch auf allseitige Erziehung und Bildung. Es gab nur die Übungsformen „KATA", um die eigene Technik zu verbessern und die Übungsform „RANDORI", um neue Techniken zu entwickeln. Der Wettkampf war unbekannt.

1882 eröffnete er 23-jährig sein eigenes Dojo, in dem er nun seinen eigenen Weg, das Kodokan-Judo lehrte.

Durch die Persönlichkeit KANOS verlief die Entwicklung des Judosports in Japan rasant.
   Schon 1890 wurde Judo vom damaligen japanischen Minister für Erziehung in das Schulprogramm aufgenommen. KANO selbst wurde Seminarleiter eines Lehrerseminars für Judo (GRUNDMANN 1983, S. 163).

Nachdem Judo 1911 Pflichtfach an allen japanischen Mittelschulen geworden war, war seine Breitenentwicklung nicht mehr aufzuhalten.

Als Jigoro KANO 1938 starb, gab es bereits 100.000 „Schwarzgurtträger" in Japan.

1.1.2 Entwicklung in Deutschland

Anfang unseres Jahrhunderts wurden die geheimnisumwobenen japanischen Zweikampftechniken auch in Europa bekannt, wo sie erstmalig auf Londoner Varietébühnen vorgeführt wurden.

In Deutschland wurde Judo, damals noch als Jiu-Jitsu, erstmalig 1906 in Kiel anlässlich eines japanischen Flottenbesuchs vorgestellt. Der anwesende WILHELM II. muss so beeindruckt gewesen sein, dass er einige japanische Meister beauftragte, diesen Sport in Deutschland bekannt zu machen.

Dennoch stagnierte die Entwicklung des Judosports in den ersten Jahren, da diese Zweikampfsportart sofort in eine Kategorie mit Ringen und Boxen gesetzt wurde, nicht nur zu dieser Zeit weniger erstrebenswerte Sportarten. Demgegenüber erkannten jedoch Militär und Polizei sehr schnell die Effektivität des Judo. Die Berliner Kriminalpolizei ließ bereits 1910 ihre Beamten durch Erich RAHN ausbilden, 1913 wurde RAHN Ausbilder an der Berliner Militäranstalt.

Nachdem die Entwicklung des Judo/Jiu-Jitsu durch den Ersten Weltkrieg wieder zurückgeworfen wurde, ging es in den zwanziger und dann in den dreißiger Jahren endlich aufwärts.

Als Geburtsstunde des Judo in Deutschland gilt allgemein die erste internationale Judo-Sommerschule, die vom 07.-12.08.1932 in Frankfurt a. M. ausgetragen wurde und von Alfred RHODE, einem Schüler von Erich RAHN, organisiert worden war.
  Hier bekamen die deutschen Judoka erstmalig Kontakt mit dem echten Kodokan-Judo Jigoro KANOS durch einige angereiste japanische Judolehrer.

Durch den Besuch KANOS 1933 setzte sich das Judo endgültig durch. Nun wurde auch der Begriff Judo (= Kodokan-Judo) eingeführt und vom Jiu-Jitsu getrennt.

Jedoch erst nach dem Zweiten Weltkrieg, nach einer von den Alliierten verordneten kurzen Zwangspause, nahm Judo als Sport einen ungeahnten Aufstieg (HOFMANN 1978, S. 10).

Nach Gründung einiger Landesverbände wurde 1956 in Frankfurt der Deutsche Judo-Bund (DJB) gegründet. Bereits vier Jahre vorher hatten sich die „Schwarzgurtträger" im Deutschen Dan-Kollegium (DDK) zusammengeschlossen.

Hauptberufliche Lehrer, die vor allem aus Japan kamen, sowie die Eröffnung zahlreicher Judoschulen, die bisher abseits stehende Kreise mit dem Judo vertraut machten, ließ die Zahl der deutschen Judoka bereits Ende der sechziger Jahre an die 100.000 schnellen.

Diese Entwicklung wurde sicherlich auch durch die Erfolge der deutschen Judoka in den sechziger Jahren beschleunigt, als Wolfgang HOFMANN, Klaus GLAHN und Peter HERRMANN zu Medaillengewinnern bei Olympischen Spielen und Weltmeisterschaften wurden.

1.1.3 Judoprinzipien und geistige Grundlagen

Heute herrscht im Allgemeinen die Auffassung, dass Sport als körperliche Ertüchtigung angesehen wird und mithin gesundheitlich-medizinische, aber auch sozial-erzieherische Ziele verfolgt.

Für die alten ostasiatischen Meister waren jedoch die Körperübungen ein Mittel, um geistige Ziele zu erreichen.

Die Samurai mussten schon aus rein pragmatischen Gründen bei der Übung ihrer auf den Tod zielenden Kampftechniken große Vorsicht und Rücksichtnahme gegenüber ihren Übungspartnern walten lassen, obwohl die Rücksichtnahme in ihrer im Zen-Buddhismus begründeten Erziehung schon angelegt war.

Die geistigen Ideale der Samurai stammen aus dem Zen-Buddhismus, der folgendermaßen charakterisiert werden kann:

- Meditation, körperliche und geistige Konzentration
- Versenkung zur Loslösung von der Welt
- Das Innere des Menschen ist die einzige Quelle der rechten Erkenntnis, daher spielt die Übertragung von Geist zu Geist eine besondere Rolle (vgl. HERRIGEL 1958, S. 86).

„Allen Judo-Praktikern ist gemeinsam: man hat das Ziel vor Augen, aber nicht das Erreichen dieses Ziels, sondern das Fortschreiten auf dem Wege ist das eigentlich Wichtige bei der Ausübung einer Kunst" (HOFMANN 1968, S. 24).

Natürlich unterliegt auch Japan den Zwängen einer Industrie- und Leistungsgesellschaft, dennoch wird Judo von den Japanern im Sinne des Judo als ein über reines Körpertraining hinausgehender lebensbegleitender Weg angesehen.

Aus den Wertvorstellungen der Samurai und den Einflüssen seiner Zeit hat KANO zwei Prinzipien für Judo formuliert, die verhindern, dass der Kampf auf der Judomatte in einen simplen Kräftevergleich ausartet (HOFMANN 1978, S. 11).

Das technische Judoprinzip
Das technische Prinzip ist das Siegen durch Nachgeben. KANO nannte es „Sei-Ryoku-Zen-Yo", was als Prinzip vom größtmöglichen Nutzen und der größten Wirksamkeit übersetzt werden kann.

„Nehmen wir an, wir messen die Stärke eines Mannes mit Einheiten von eins. Zum Beispiel die Stärke eines vor mir stehenden Mannes wird von 10 Einheiten dargestellt, während meine Stärke, die geringer ist, nur 7 Einheiten darstellt. Wenn er mich nun mit seiner ganzen Kraft stößt, werde ich natürlich zurückgestoßen oder hingeworfen, auch wenn ich meine ganze Kraft gegen ihn nutze. Aber wenn ich, anstatt mich ihm entgegenzustellen, nachgebe und meinen Körper gerade so viel zurückziehe, wie er mich gestoßen hat, und dabei das Gleichgewicht halte, dann würde er sich natürlich vorwärtsneigen und dabei sein Gleichgewicht verlieren. In dieser neuen Stellung wird er so schwach (nicht in wirklicher physischer Stärke, sondern angesichts seiner ungeschickten Stellung), dass seine Stärke in diesem Augenblick nur 3 Einheiten darstellt statt seiner normalen 10 Einheiten. Währenddessen erlange ich, immer Gleichgewicht haltend, meine volle Kraft wieder, die ursprünglich 7 Einheiten darstellte. Hierdurch bin ich augenblicklich in einer günstigen Lage, und ich kann meinen Gegner mit nur halber Kraft schlagen, das ist die Hälfte von 7 oder 3 gegen 3. Dies lässt die Hälfte meiner Kraft für andere Zwecke verfügbar" (KANO 1980, S. 144).

In diesem Zitat wird KANOS technisches Prinzip vom wirksamsten Gebrauch von Geist und Körper deutlich, welches er auch in allen anderen Bereichen des menschlichen Lebens für gültig hielt.

Das moralische Judoprinzip
Vor allem aber das zweite von KANO formulierte Prinzip hebt Judo über den Stand einer bloßen Zweikampfsportart hinaus und lässt es zum Erziehungssystem par excellence werden (HOFMANN 1978, S. 12). Es ist das moralische Prinzip vom gegenseitigen Helfen und Verstehen. Kano nannte es „Ji-Takyo-Ei".

Jeder Judoka übt fast ausschließlich mit einem Partner. Während der Übungsstunden kommt es zu einem ständigen und engen Körperkontakt. Ohne Kooperationsbereitschaft des Partners, ohne Anpassung an dessen physische und psychische Stärken und Schwächen ist beim Judo kein Lernfortschritt zu erzielen. Also muss ein Judoka in hohem Maße Kooperationsfähigkeit, Hilfsbereitschaft, Verantwortung, Rücksichtnahme, Entschlossenheit und Durchhaltevermögen ausbilden. Da die komplexen Bewegungsabläufe immer wieder durch den Partner beeinflusst werden, korrigieren sich diese im Laufe des Übungsbetriebs gegenseitig, der stärkere unterstützt den schwächeren (JANKO 1998, S. 13). Bei diesen wechselseitigen Interaktionen versucht jeder Partner, seine Absichten und Wünsche zu verwirklichen und ist dennoch gleichzeitig in der Lage, auf das Verhalten und die Bedürfnisse des anderen einzugehen. In Anlehnung an NOVALIS kann gesagt werden, dass der Mensch das Menschsein nur am Menschen lernt.

2 Inhalte des Judosports

Die Inhalte des Judo sind in erster Linie die Judotechniken. Da es in diesem Rahmen nicht möglich und nötig ist, alle Judotechniken vorzustellen, sei hier auf die klassische Einteilung des Judo verwiesen. Sie reicht an dieser Stelle vollkommen aus, um Begriffe zu klären und einen Überblick zu gewinnen.

Die techno-motorischen Inhalte des Judo lassen sich in drei Bereiche gliedern:

Würfe (Nage-Waza)

1. Handwürfe (Te-Waza)
2. Hüftwürfe (Koshi-Waza)
3. Fußwürfe (Ashi-Waza)
4. Würfe aus der geraden Rückenlage (Ma-Sutemi-Waza)
5. Würfe aus der seitlichen Rückenlage (Yoko-Sutemi-Waza)

Bodentechniken (Katame-Waza)

1. Haltegriffe (Osaekomi-Waza)
2. Würgegriffe (Shime-Waza)
3. Hebelgriffe (Kantsetsu-Waza)

Falltechniken (Ukemi-Waza)

1. Fallen vorwärts (Mae-Ukemi)
2. Fallen seitwärts (Yoko-Ukemi)
3. Fallen rückwärts (Ushiro-Ukemi)

Neben den unmittelbaren Judotechniken können weitere Inhalte des Judounterrichts benannt werden:

Inhalte des Judosports

- **Unverzichtbare Judoetikette**
  Sie stellen nicht nur eine besondere Form der Höflichkeit dar, sondern symbolisieren zugleich, dass wir es bei Training und Wettkampf nicht mit einem Gegner, sondern mit einem Partner zu tun haben.

- **Judogymnastik**
  Das Aufwärmprogramm dient dazu, Muskulatur, Kreislauf und Nervensystem auf die folgenden Übungen speziell vorzubereiten. Vergleiche mit der Krankengymnastik sind durchaus angebracht, so sind die Übungen im Lehr- und Arbeitsbuch Sonderturnen (Bonn 1982) fast ausnahmslos Bestandteil der Judogymnastik.

2.1 Ziele des Judo

Aus dem bislang Dargelegten lässt sich leicht erkennen, dass Judo mehr ist als ein Zweikampf- oder Selbstverteidigungssystem. Es ist auch viel mehr als nur eine Körperertüchtigung.

Es ist eine Methode, das Prinzip der größtmöglichen Wirksamkeit von Körper und Geist zu erfassen und für das alltägliche Leben einzuüben. Dieses Prinzip steht hier nicht im luftleeren Raum, sondern wird mit Hilfe eines Partners zu beiderseitigem Wohlergehen ausgeführt.

KANO gibt folgendes Resümee:
„Das letzte Ziel von Judo ist also, in den Geist eines jeden Respekt für das Prinzip der größtmöglichen Wirksamkeit einzupflanzen und so allgemeine Wohlfahrt und Glück zu verbreiten" (Kano 1980, S. 182).

Der Judosport wird demnach den Forderungen zeitgemäßer Sportpädagogik gerecht, indem er neben der Realisierung von motorischen Lernzielen auch die Verwirklichung von kommunikativen und sozialen Zielen anstrebt (vgl. auch GRÖSSING 1983).

3 Rehabilitationssport allgemein

3.1 Inhalt

Rehabilitationssport definiert sich im Sinne des sozialen Leistungsrechts als ergänzende Leistung zur Rehabilitation, die im Rahmen der für einzelne Sozialleistungsbereiche (GKV, GRV, GUV) geltenden Vorschriften den Behinderten vom Arzt verordnet und in Gruppen unter ärztlicher Betreuung ausgeübt wird.

Er umfasst sporttherapeutische Übungen im Rahmen regelmäßig abgehaltener Übungsveranstaltungen (Vereinssport), die von einem Übungsleiter mit besonderem Qualifikationsnachweis (Lizenz) geleitet werden müssen.

Die auf die Art und Schwere der Behinderung sowie auf den gesundheitlichen Allgemeinzustand der Betroffenen abgestimmten Mittel des Sports und sportlich ausgerichteten Spiele wirken ganzheitlich auf die Behinderten ein, um insbesondere ihre Ausdauer, Koordination, Flexibilität und Kraft zu stärken.

Die Ziele des Rehabilitationssportes sind u.a.
- Die Rehabilitation zu erreichen oder zu sichern,
- Hilfe zur Selbsthilfe zu vermitteln,
- Verantwortlichkeit für die eigene Gesundheit und die Motivation zum angemessenen Bewegungstraining zu stärken und
- psychosoziale Krankheitsfolgen zu bewältigen.

Als Rehabilitationssportarten gelten Gymnastik, Leichtathletik, Schwimmen und Bewegungsspiele in Gruppen sowie Sportkegeln für Blinde und Bogenschießen für Rollstuhlfahrer.

3.2 Ärztliche Verordnung

Die Teilnahme am Rehabilitationssport setzt eine ärztliche Verordnung voraus. Zuständig für die Verordnung ist im Allgemeinen der Arzt, der das der Behinderung zugrunde liegende Leiden oder dessen Folgen behandelt. Rehabilitationssport kann grundsätzlich bei jeder Behinderungsart in Betracht kommen. Maßgeblich ist im Einzelfall die medizinische Beurteilung durch den behandelnden Arzt.

Weder die Kosten der Verordnung noch die finanziellen Beiträge der Rehabilitationsträger zur Teilnahme am Rehabilitationssport fallen unter die für die Vertragsärzte vorgesehene Budgetierung (Deckelung).

Die Verordnung soll enthalten:
- Die Diagnose (Beschreibung der Behinderung),
- die Gründe, weshalb Rehabilitationssport erforderlich ist,
- die zeitliche Dauer des Rehabilitationssportes und die Anzahl der wöchentlich notwendigen Übungsstunden,
- eine Empfehlung an den Behinderten für die Auswahl der Sportart.

Die Verordnung gilt grundsätzlich für ein halbes Jahr. Sie kann aber sooft wiederholt werden, wie es zur Erreichung oder Sicherung des Rehabilitationszieles erforderlich ist. Bei schweren Krankheitsbildern ist die Verordnung des Rehabilitationssportes auf Lebenszeit möglich. Dabei kommt es entscheidend auf die individuelle Situation des Behinderten an. Sie zu beurteilen, ist Aufgabe des behandelnden Arztes.

Die Rehabilitationsträger lassen die wöchentliche Teilnahme an bis zu zwei, höchstens drei Übungsveranstaltungen zu.

3.3 Ärztliche Betreuung und Überwachung der Übungsveranstaltungen

Der Rehabilitationssport – gleichgültig für welche Behinderungsart – verlangt die ärztliche Betreuung und Überwachung der Übungsveranstaltungen. Mit der Betreuung sollen auf dem Gebiet des Rehabilitationssportes erfahrene Ärzte beauftragt werden.

Zu den Betreuungs- und Überwachungsaufgaben gehören insbesondere:
- Erst- und Kontrolluntersuchungen durchzuführen,
- auf die Behinderung und den Allgemeinzustand der Behinderten abgestimmte Übungen festzulegen,
- die Untersuchungsergebnisse schriftlich niederzulegen,
- die jeweilige Belastbarkeit der Behinderten festzulegen und zu berücksichtigen, entsprechende Anweisungen an den Übungsleiter zu erteilen und
- Beratung des Behinderten.

Die Betreuung und Überwachung erfordert die persönliche Anwesenheit des Arztes während der Übungsveranstaltung. Sie ist nicht während der Gesamtdauer der Übungsveranstaltung geboten, sofern der Arzt telefonische Rufbereitschaft für ausreichend hält und die Übungsveranstaltung im angemessenen Zeitraum erreichen kann.

Das Honorar für die Betreuung und Überwachung der Übungsveranstaltung ist zwischen Arzt und Rehabilitationssportgemeinschaft zu vereinbaren.

3.4 Inanspruchnahme durch die Betroffenen

Zur Inanspruchnahme der Leistung Rehasport sind eine Behinderung des Teilnehmers und eine Verordnung des behandelnden Arztes erforderlich (s. Kap. 3.2).

Für die Teilnahme am Rehasport werden den Rehabilitationssportgemeinschaften von den Leistungsträgern Vergütungen gezahlt. Die Höhe differiert je nach der Schwere der Behinderung (allgemeine Behinderung oder schwere chronische Herzkrankheiten oder Schwerstbehinderung) und zwischen GKV und GRV einerseits und GUV andererseits. Im Einzelnen sind die Vergütungssätze durch Verträge zwischen Leistungsträgern auf Bundes- oder Landesebene und dem VBS, dem DSB, der DGPR oder den LBSV, den LSB und den LAG vereinbart. Die Vergütungen decken nicht die Ausgaben zur Durchführung des Rehasports. Ein Eigenanteil der Teilnehmer wird daher notwendig und die Regel sein.

3.5 Hinweise zur Gründung von Rehabilitationssportgemeinschaften (RSG)

„Rehabilitationssportgemeinschaft" ist eine Wortschöpfung der Gesamtvereinbarung über den Rehabilitationssport und das Funktionstraining vom 1.1.1994. Sie bezeichnet eine Gruppe von Personen, die in einer oder als eine Sportgemeinschaft den Rehabilitationssport durchführen. Eine Rechtsperson begründet diese Bezeichnung nicht. Die RSG können Teil (Abteilung, Gruppe) einer bestehenden Behindertensportgemeinschaft oder eines Sportvereins oder eine durch Sportordnung legitimierte Sportgruppe einer Selbsthilfeorganisation sein oder sich als selbständiger, eingetragener oder nicht eingetragener Verein (§§ 21ff. BGB) gründen. Welche Rechtsform gewählt wird, hängt von der Willenserklärung der Gruppenmitglieder ab. Die Zugehörigkeit der RSG zum organisierten Sport bestimmt das Satzungsrecht der zuständigen Landes-Behindertensportverbände und/oder der Landes-Sportbünde.

Bei der Absicht, eine RSG zu gründen, empfiehlt es sich, Informationen bei den örtlichen Behindertensportgemeinschaften, bei den Behinderten-Landessportverbänden oder den Landes-Sportbünden einzuholen.

Weitere Informationen, s. Kap. 7.6, S. 111ff.

4 Judo als Rehasport

4.1 Anforderungsprofil der Sportart Judo

Die Teilnahme an Lern- und Trainingsprozessen, das Erlebnis der judotypischen Bewegungshandlungen und die Identifikation mit Etiketten, Sinn und Zweck von Judo bestimmen vor allem, ob behinderte Menschen diesen Sport betreiben möchten. Daher ist es notwendig, leistungslimitierende Faktoren der Sportart Judo zu definieren. So können jene Fähigkeiten und Fertigkeiten definiert werden, die ein behinderter Sportler mitbringen oder erlernen muss, um Judo betreiben zu können. Das heißt mit anderen Worten, die Sportart Judo muss hinsichtlich ihrer besonderen Bedingungen analysiert werden.

Bei der Analyse der Sportart lassen wir uns in Anlehnung an INNENMOSER, JANKO und VÖGTLE von einigen Grundfragen leiten:

1. Welche Bewegungsfertigkeiten werden zur Durchführung von Judo benötigt?
2. Welche koordinativen Fähigkeiten müssen entwickelt bzw. gefördert werden, um judospezifische Bewegungen ausführen zu können?
3. Welche konditionellen Fähigkeiten sind notwendig, um im Judotraining zu bestehen?
4. Braucht ein Judoka auch kognitive, motivationale und kommunikative Fähigkeiten?

Die so aufgeworfenen Fragen müssen noch durch geeignete empirische Untersuchungen überprüft werden. Jedoch liegen schon heute brauchbare Erfahrungsberichte (siehe hierzu INNENMOSER/ JANKO/ VÖGTLE 1992) vor, sodass für diesen Zweck darauf zurückgegriffen werden kann. Nach Analyse der oben zitierten Arbeiten haben wir nachfolgendes Anforderungsprofil für die Sportart Judo erstellt:

Anforderungsprofil Judo

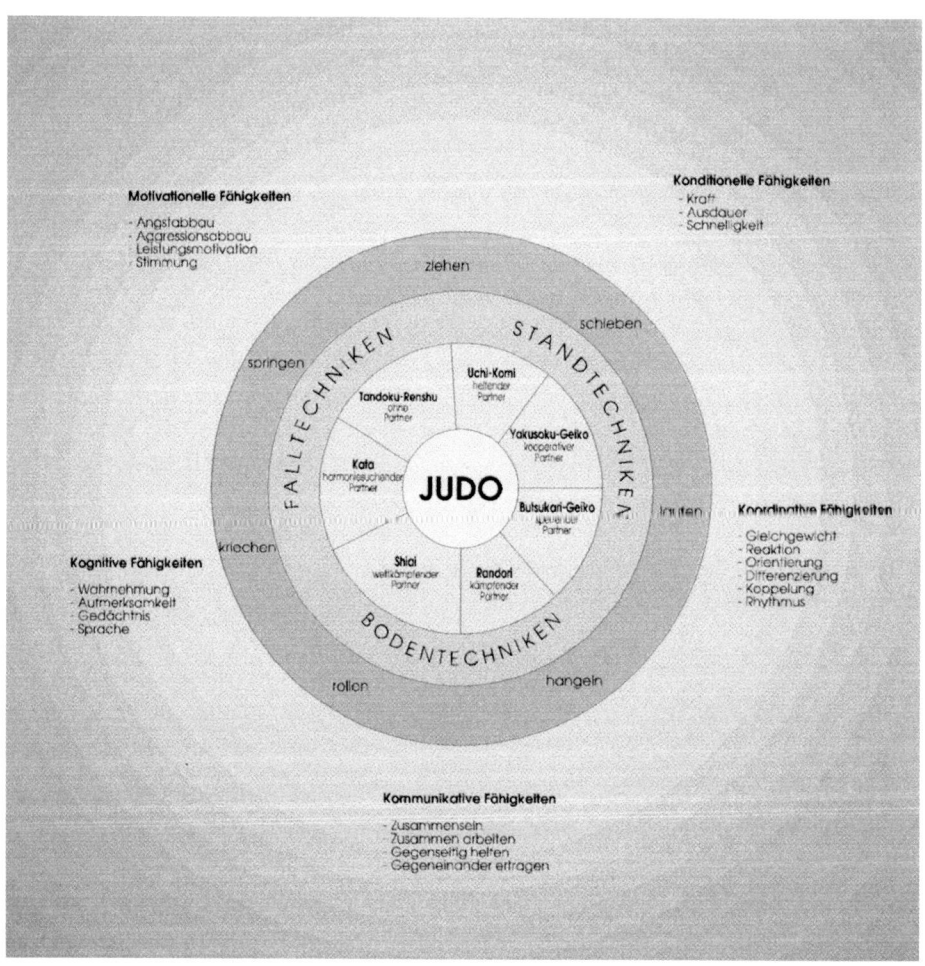

Quelle : JANKO 1994

4.1.1 Struktur der Sportart

Aus den gezeigten Abbildungen ist zu entnehmen, dass Judo nahezu ein ideales Bewegungsangebot für behinderte Menschen darstellt, da genau jene Fähigkeiten und Fertigkeiten durch Judo trainiert und geübt werden, die behinderte Menschen benötigen, um ihre Umwelt positiv zu beeinflussen (siehe dazu BERND-SCHMIDT u.a. 1995, VAN DER SCHOT 1980). Neben den konditionellen und koordinativen Fähigkeiten werden besonders motivationale, kognitive und vor allem kommunikative Basiskompetenzen erworben.

Die Profilanalyse zeigt weiterhin, dass von den sieben aufgeführten Organisationsformen der Sportart Judo lediglich eine, Shiai, den Wettkampf symbolisiert. Das ist nur logisch, denn der Wettkampf wurde erst sehr spät in das Judoprogramm aufgenommen. Damit wird ein häufig anzutreffendes Vorurteil relativiert, wonach Judo gleich Wettkampfsport ist. Wettkampfsport im Judo ist lediglich die spektakulärste Übungsform. Hier finden unter besonderer Beachtung der Massenmedien, Olympische Spiele, Welt- und Europameisterschaften statt. Die anderen sechs Übungsformen sind weniger spektakulär.

4.1.2 Kompensatorisches Judo

Aufgrund seines differenzierten, akzentuierten und allseitig umfassenden Bewegungsangebotes wirkt Judo ganzheitlich auf den Menschen ein und kann, unter qualifizierter Leitung und ärztlicher Überwachung, Behinderung und Krankheitsfolgen beseitigen, abwenden, lindern oder minimieren. Die regelmäßige Teilnahme am Judotraining fördert die Entwicklung behinderter Menschen, ihre Teilnahme am Leben in der Gemeinschaft und unterstützt eine möglichst selbständige Lebensführung.

Jedoch können für Judoübungen mit einer Zielgruppe, die fast durchgängig durch defiziente Motorik und Wahrnehmung definiert ist, weder Zielsetzung noch methodisches Vorgehen allgemeiner Sportpädagogik unreflektiert auf den Übungsbetrieb übertragen werden. Sie müssen vielmehr behindertenspezifisch modifiziert, akzentuiert und individuell angepasst werden.

Auf die eingeschränkte motorische Handlungsfähigkeit ist durch das Einbeziehen behindertenspezifischer Fördermaßnahmen und induktiver Lernmethoden kompensatorisch einzuwirken. Die Planung von judospezifischen Übungen muss neben einer allgemeinen Förderung von Kognition, Kommunikation, Motivation und Sozialisation als besondere Schwerpunkte die Bereiche Koordination und Kondition umfassen.

An die Stelle des Judounterrichts leistungsorientierter Prägung, des ökonomischen Lernens sportmotorischer Fähigkeiten durch Nachvollziehen vorgegebener Bewegungsmuster, tritt das individuelle Lernen auf Grundlage der vorhandenen Fähigkeiten und Fertigkeiten. Dabei wird eine kreative, aktive und reaktive Bewegungsgestaltung, bei der Körper- und Bewegungsmöglichkeiten auch experimentierend kennen gelernt werden können, angestrebt.

Übungsformen, kooperative Spiele und judospezifische Inhalte werden systematisch in ihren Anforderungen dem Fähigkeitsprofil des behinderten Judoka angepasst und individuell erweitert. Ein solch modifiziertes Judo ist kein leeres Schlagwort. Es lässt beim Übenden neue Kräfte und Interessen entstehen, macht frei, selbstbewusst und offen für den Mitmenschen. Schritt für Schritt verlässt der behinderte Judoka seine Isolation, wirkt Benachteiligungen entgegen und gewinnt mehr und mehr an Eigenständigkeit. Dazu will die Sportart Judo im Rahmen ihrer Möglichkeiten einen Beitrag leisten.

Bewegung, Spiel und Sport stehen dabei im Zentrum positiver didaktischer Überlegungen des qualifizierten Übungsleiters. Indem das Spiel integrativer Bestandteil des methodischen Vorgehens bzw. selbst Methode wird, kann auf die individuellen Interessen und Bedürfnisse behinderter Judoka besonders differenziert eingegangen werden.

Judospielen heißt für den behinderten Judoka zunächst einmal Spaß haben. Spielerisch soll er sich der Sportart nähern, um nach und nach die techno-motorischen Inhalte der Sportart zu erlernen. Behutsam eingesetzte Förderspiele können dabei einen erkannten individuellen Förderbedarf minimieren oder kompensieren. Im Stile offener Bewegungsaufgaben wird die zunächst freie Bewegungslösung nach und nach methodisch eingeschränkt, sodass am Ende, spielerisch und fast unbemerkt, die angestrebte Judotechnik erreicht wird. Ein solches Judo ist kein ökonomisches Lernen vorgegebener Judotechniken. Es ist vielmehr ein behindertenspezifisches Judo, das auf die unterschiedlichen motorischen Fähigkeiten der Teilnehmer Rücksicht nimmt und ihnen Zeit lässt, sich ihre Judotechniken individuell zu erarbeiten. Damit öffnet Judo den Weg zu sich selbst und zum Mitmenschen. Es wird zu einem integrativen Bewegungsangebot für Behinderte und von Behinderung Bedrohten.

Judo bietet mit den Mitteln von Bewegung, Spiel und Sport, in einem Judo- oder Behindertensportverein betrieben, eine unter vielen Maßnahmen der Rehabilitation, die in den Therapieplan des Arztes aufgenommen werden könnte.

4.2 Analyse der Sportart Judo

4.2.1 Förderung der konditionellen Fähigkeiten

Energetisch-konditionelle Fähigkeiten als spezifische Voraussetzung für sportliche Leistungen werden häufig mit dem Begriff „Kondition" gleichgesetzt.

Dabei geht es im Einzelnen um die Entwicklung von Kraft in ihren verschiedenen Ausprägungsformen, um die Entwicklung der Schnelligkeit und um die Entwicklung der Ausdauer. Kondition ist somit die gewichtete Summe der Fähigkeiten Kraft, Schnelligkeit und Ausdauer. Ergebnisse wissenschaftlicher Forschungen weisen darauf hin, dass es in Bezug auf die konditionellen Fähigkeiten einen direkten Zusammenhang gibt zwischen der Art der konditionellen Anpassung und der Art des Trainings. Der spezifische „Reiz" bestimmt die qualitativen Daten der Leistung eines Organs.

Andererseits gilt, dass schon mit geringem Aufwand aus der Ausgangsbasis des niedrigen Niveaus eine hohe Verbesserung der konditionellen Fähigkeiten erreicht werden kann. Nimmt jedoch das Fähigkeitsniveau zu, muss mehr und intensiver trainiert und geübt werden, obwohl die Niveauverbesserungen immer geringer werden.

Konditionelle Fähigkeiten hängen, ähnlich wie koordinative Fähigkeiten, von organisch-genetisch bedingten Leistungsvoraussetzungen ab, deren Entsprechung in anatomischen und physiologischen Grundgegebenheiten liegt. Für ihre Realisierung in der sportlichen Aktivität ist entscheidend, wie weit sie durch spezifische Beanspruchungsformen in Trainingsprozessen entwickelt und aufgebaut werden.

Konditionelle Fähigkeit „Kraft"

Unter „Kraft" verstehen wir die Fähigkeit einer Person, mit Hilfe ihrer Motorik eine Masse zu bewegen, einen Widerstand zu überwinden oder diesem Widerstand entgegenzuwirken.

Die Fähigkeit „Kraft" zu entwickeln, lässt sich in spezifischen Situationen überprüfen, wobei einmal die maximal erreichbare Kraftentwicklung, zum anderen die Schnellkraft, als eine Fähigkeit, besonders schnell Kraft zu entwickeln und die Ausdauerfähigkeit für die Kraftentwicklung geprüft werden. Ferner wird zwischen einer allgemeinen und einer speziellen Kraft unterschieden, wobei sich die spezielle Kraft auf spezifische Bewegungsaktivitäten und einzelne Kraftformen bezieht.

Bei der Durchführung von Judo kommt es auch darauf an, die Fähigkeit „Kraft" zu fördern. Besonders bei dynamischen Bewegungsaktivitäten wird einerseits eine relativ hohe Kraftleistung der stützmotorischen Aktivitäten verlangt, andererseits bedarf es einer gut ausgebildeten Kraftausdauer. Bezogen auf die Höhe der Maximalkraft muss es möglich sein, das eigene Körpergewicht sicher zu beherrschen und zu kontrollieren. Bei der Ausführung von Wurftechniken muss der partnerschaftlichen Kraftentwicklung nachgegeben oder durch Entwicklung eigener Kraftmomente gegengesteuert werden. Für die Ausführung von Haltetechniken ist die Entwicklung der Kraftausdauer unbedingt erforderlich.

Konditionelle Fähigkeit „Schnelligkeit"
Unter „Schnelligkeit" verstehen wir die Fähigkeit, auf ein Signal hin in möglichst kurzer Zeit zu reagieren und dabei Bewegungen mit hoher Geschwindigkeit auszuführen. Es werden Aktions-, Kraft- und Reaktionsschnelligkeit voneinander unterschieden.

In den meisten sportlichen Aktivitätsformen behinderter Menschen wird die Entwicklung der konditionellen Fähigkeit „Schnelligkeit" vernachlässigt. Dies vor allem deshalb, weil die Schnelligkeitsentwicklung häufig gebunden ist an eine nicht ausschließbare Gefährdung bereits vorgeschädigter oder geschwächter Körperabschnitte, sodass Aktivitäten mit hoher Schnelligkeitsaufforderung weitgehend vermieden werden. Zwar kommt der Judosport kaum ohne die Förderung der konditionellen Fähigkeit „Schnelligkeit" aus, ein spezielles Schnelligkeitstraining ist im Rehabilitationssport jedoch weder erforderlich noch notwendig, da die für Schnelligkeit notwendige Grundlage Wettkampf ausgeschlossen ist. Wird Judo nicht mit der Intention „Wettkampf" betrieben, ist die Entwicklung von Schnelligkeit zu vernachlässigen und praktisch ohne größere Bedeutung.

Konditionelle Fähigkeit „Ausdauer"

Unter der konditionellen Fähigkeit „Ausdauer" verstehen wir die Widerstandsfähigkeit gegen Ermüdung, sodass eine gewählte Handlung entweder möglichst lange beibehalten oder variiert werden kann, oder möglichst lange auf dem gleichen Intensitätsniveau durchgeführt werden kann und somit die Voraussetzungen geschaffen werden, den Organismus lange genug zu belasten. Eine hohe Ausdauerfähigkeit ist die Voraussetzung für eine schnelle und gründliche Erholung und Regeneration. Sie entscheidet über die Belastbarkeit der sporttreibenden Person.

Die konditionelle Fähigkeit „Ausdauer" kann nach unterschiedlichen Kriterien beurteilt werden:

- Nach der Energiebereitstellung
- Nach der Belastungsdauer
- Nach der Art der Ausdauerleistung

Die konditionelle Fähigkeit „Ausdauer" ist die für fast alle Aktivitäten wichtigste Eigenschaft. Diese bezieht sich nicht nur auf sportliche Handlungen, sondern auch auf Aktivitäten des täglichen Lebens.

Ausdauer ist absolut notwendig, um Übungs- und Trainingsprozesse in der Sportart Judo zu gestalten und zu absolvieren. Darüber hinaus entscheidet sie zu einem wesentlichen Maße, ob nach der Ermüdung der vorangegangenen sportlichen Tätigkeit eine rasche Regeneration und damit eine Fortsetzung der allgemeinen Tätigkeit erfolgen kann.

Bei der Durchführung der Sportart Judo ist die Ausbildung sowohl der allgemeinen als auch der lokalen Ausdauer notwendig, da es stets zu einer körperlichen Aktivität kommt, welche Arme, Beine und den Rumpf mit einschließt.

4.2.2 Förderung der koordinativen Fähigkeiten

Mit dem Begriff „Fähigkeiten" werden Leistungsvoraussetzungen der Person, mit dem Begriff der „koordinativen Fähigkeiten" spezielle Leistungsvoraussetzungen der Person bei koordinativen Aktivitäten bezeichnet. Damit wird über die in der Person vorhandenen Möglichkeiten Auskunft gegeben, welche in spezifischen motorischen Bewältigungssituationen zum Ausdruck kommen.

Die Entwicklung koordinativer Fähigkeiten basiert auf genetisch vorbestimmten anatomischen Grundgegebenheiten und physiologischen Regelungsmechanismen, welche am deutlichsten im kindlichen Entwicklungsprozess zum Ausdruck kommen. Außerdem sind sie gebunden an die elementaren Leistungen den Person, wie z.B. Gedächtnis, Wahrnehmung, Denk- und Vorstellungsvermögen.

Koordinative Fähigkeiten kommen zur Anwendung in spezifischen motorischen Belastungssituationen und müssen, um erfolgreich im Sinne einer motorischen Tätigkeit realisiert werden zu können, den herrschenden Bedingungen absolut genau angepasst sein.

Koordinative Fähigkeiten unterliegen somit Lern- und Entwicklungsprozessen. Der Sportler ist daran interessiert, im Stabilisierungsprozess das Niveau der einmal erworbenen koordinativen Fähigkeit zu erhalten. Aus forschungsmethodischen Gründen ist die Konzeption einer allgemein anerkannten Bestimmung der „koordinativen Fähigkeiten" bisher nicht vollständig abgeschlossen. Es ist daher hilfreich, drei verschiedene Wissenschaftsansätze zu erläutern.

HIRTZ (1997) unterscheidet bei den koordinativen Fähigkeiten folgende Komponenten:

- Reaktionsfähigkeit
- Kinästhetische Differenzierungsfähigkeit
- Räumliche Orientierungsfähigkeit
- Anpassungs- und Umstellungsfähigkeit
- Fähigkeit zur kontinuierlichen Bewegungshandlung
- Fähigkeit zur Koordination unter Zeitdruck

Die Auflistung darf nicht darüber hinwegtäuschen, dass die einzelnen Fähigkeiten nicht unabhängig voneinander, sondern im Gegensatz dazu recht eng aneinander gebunden sind.

ROTH (1982) stellt ein hierachisches Fähigkeitsmodell auf, wobei er zwischen der Fähigkeit zur Koordination unter Zeitdruck und der Fähigkeit zur genauen Kontrolle der Bewegung unterscheidet. Diese beiden koordinativen Grundkategorien lassen sich in Beziehung setzen zu neurophysiologischen Ergebnissen über die Funktion spezifischer koordinativer Programmierungszentren, wie z.b. Cerebellum und Basalganglien.

ROTH präzisiert die Fähigkeiten in zwei weiteren Teilen, indem er von der Fähigkeit zur schnellen motorischen Steuerung und zur schnellen motorischen Anpassung und Umstellung spricht. In einem Modell, das an SCHNABEL (1973) orientiert ist, werden die koordinativen Fähigkeiten unterteilt in die Fähigkeit zur Steuerung von Bewegungen, in die Fähigkeit zur Adaption von Bewegungen und in die Fähigkeit motorischen Lernens.

ZIMMERMANN (1987) hat dieses Modell näher ausgeführt und unterscheidet unter den koordinativen Fähigkeiten die

- Differenzierungsfähigkeit
- Koppelungsfähigkeit
- Reaktionsfähigkeit
- Orientierungsfähigkeit
- Gleichgewichtsfähigkeit
- Umstellungsfähigkeit
- Rhythmisierungsfähigkeit

All diese Fähigkeiten sind Bestandteile der motorischen Lernfähigkeit, während die Anpassungs- und Adaptionsfähigkeit vorwiegend durch die Reaktions- und Umstellungsfähigkeit bedingt wird. Die Steuerungsfähigkeit wiederum hängt in direktem Maße von der Differenzierungs- und Koppelungsfähigkeit ab.

Bezogen auf die Sportart Judo wird deutlich, dass auf keine dieser einzelnen Fähigkeiten verzichtet werden kann. Einige Fähigkeiten werden in einer speziellen Ausprägungsform gebraucht, wie z.b. die Orientierungsfähigkeit, welche beim Judo besonders auf die Orientierung mit Hilfe der kinästhetischen und taktilen Sinnesorgane angewiesen ist. Eine besonders große und grundlegende Bedeutung muss der Gleichgewichts- und Umstellungsfähigkeit beigemessen werden, da das Ziel, den Partner sicher und damit gefahrlos zu werfen, nur mit Hilfe einer situationsangemessenen Umstellung der eigenen Handlung und dem möglichst sicheren Erhalt bzw. der schnellen Wiederherstellung des eigenen Gleichgewichts erreicht werden kann.

4.3 Inhaltsstruktur der Sportart Judo

4.3.1 Wurftechniken

„Der Judowurf ist eine motorische Funktionseinheit, die durch eine typische, zeitliche und dynamische Aufeinanderfolge von einzelnen Phasen charakterisiert werden kann" (s. auch INNENMOSER, JANKO, VÖGTLE 1982). Die meisten Autoren unterscheiden, wie in der allgemeinen Trainings- und Bewegungslehre üblich, in Orientierung an MEINEL, drei Wurfphasen. Diese werden übereinstimmend als

> 1. Vorbereitungsphase = Kuzushi (das Stören des Gleichgewichtes)
> 2. Hauptphase = Tsukuri (Wurfansatz)
> 3. Endphase = Kake (Niederwurf)

bezeichnet.

Wurfphasen

In der **Vorbereitungsphase** wird der Partner in eine „dynamisch-labile Gleichgewichtslage" gebracht, um den angestrebten Judowurf zu ermöglichen. Für die optimale Wurftechnik ist es dabei wichtig, dass der Gleichgewichtsbruch immer in Wurfrichtung erfolgt. Dabei ist entscheidend, dass „die Bewegung immer unter Einsatz des gesamten Rumpfes über Arme und Beine auf den Körper" des Partners übertragen sind (LEHMANN/MÜLLER DECK 1987, S. 46).

In der **Hauptphase** stabilisiert der Werfende (Tori) sein eigenes Gleichgewicht, um durch Einnehmen der korrekten Position seinen instabilen und labilen Partner zu werfen. Die optimale Judotechnik erfordert in dieser Wurfphase vom Werfenden eine „präzise Bewegungsausführung und eine präzise Haltung der einzelnen Körperteile (Rumpf, Füße, Beine, Arme, Hände)". Zu diesem Zeitpunkt des Wurfes muss der Werfende seinen Körper optimal beschleunigen, um einen möglichst großen Kraftimpuls auf den Partner übertragen zu können (LEHMANN/MÜLLER DECK 1987, S. 46).

In der **Endphase** des Wurfes wird die eigentliche, zum Fall führende Wurfaktion durchgeführt. Dabei sollte der Fallende schwungvoll in der Seiten- oder Rückenlage landen. Dabei ist es erforderlich, dass der Werfende seinen Partner gerade „während des Niederwurfes durch präzise Körperbewegungen, vor allem durch konsequente Beibehaltung der Fassart", unter Kontrolle hält (LEHMANN/MÜLLER DECK 1987, S. 46).

Exemplarische Darstellung der Wurftechnik „O-Soto-Gari"

Vorbereitungsphase

Aus der Grundstellung setzt der Werfende (Tori) seinen linken Fuß so weit nach links vorne, dass dieser Fuß außen neben oder etwas hinter dem rechten Fuß des Fallenden (Uke) steht. Dabei zieht Tori mit seinem linken Arm den rechten Arm von Uke quer an seiner rechten Brust vorbei und drückt seine rechte Brust gegen die linke Brust bzw. den linken Oberarm von Uke. Mit der rechten Hand und dem gesamten Unterarm drückt Tori gegen die linke Brustseite von Uke.

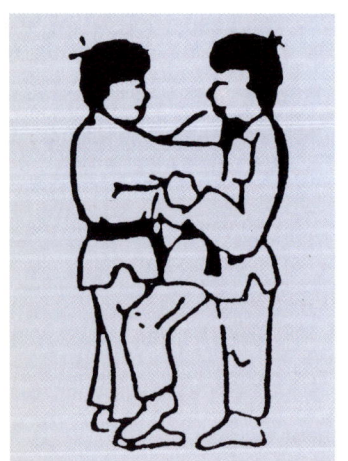

Hauptphase

Aufgrund der Wurfvorbereitung kommt Uke nach rechts hinten aus dem Gleichgewicht und steht nur noch bzw. hauptsächlich auf dem rechten Bein. Gleichzeitig mit der Aufnahme des engen Körperkontaktes zu Uke verlagert Tori seinen Körperschwerpunkt auf sein linkes Bein. Das Bein wird dabei leicht gebeugt. Zum Schwungholen bringt Tori sein rechtes Bein nach vorne/oben, um es dann mit Krafteinsatz nach hinten/unten zu schwingen.

Endphase

Durch das aktive Durchschwingen von Toris möglichst gestrecktem Bein wird Ukes rechte Bein gesichelt. Tori beugt dabei seinen Oberkörper weit nach vorne. Uke fällt in eine Rücken-/Seitposition. Er schlägt beim Aufprall des Oberkörpers auf die Judomatte mit seinem linken Arm ab. Tori hält während des gesamten Wurfvorgangs Uke mit seiner linken Hand am rechten Arm fest. Er begleitet sozusagen den Fall von Uke.

Motorische Beanspruchung der Judowurftechniken

In der Anfängerausbildung von Judoka haben sich bestimmte Grundtechniken durchgesetzt. Es sind auf der einen Seite die weniger komplexen, aber dafür leichter zu erlernenden Techniken. Auf der anderen Seite spielt der Aspekt der Sicherheit bei der Wurfausführung eine entscheidende Rolle. Gerade beim Judo der Behinderten kommt dem Kriterium der „Sicherheit" eine entscheidende Bedeutung zu. „Kontrolle über den Fall des Partners und, einhergehend damit, die Sicherheit des Standes bei der Wurfausführung sind die wichtigsten Kriterien" bei der Auswahl der judospezifischen Inhalte (JANKO 1986, S. 44). Auch die vom Nordrhein-Westfälischen Judo-Verband in enger Zusammenarbeit mit dem Behindertensportverband NW entwickelte Prüfungsordnung für Behinderte nimmt die o.g. Argumente auf und strukturiert entsprechend die Würfe der Prüfungsordnung.

Daher werden hier spezifische Judowürfe für Anfänger hinsichtlich ihrer motorischen Fähigkeiten analysiert:

MOTORISCHE FÄHIGKEITEN	WURFTECHNIKEN			
Koordinative Fähigkeiten	O-Soto-Gari	O-Goshi	De-Ashi-Barai	Seoi-Nage
Differenzierungsfähigkeit	++	++	++	++
Koppelungsfähigkeit	+	+	++	+
Reaktionsfähigkeit	o	o	+	o
Orientierungsfähigkeit	o	o	o	o
Gleichgewichtsfähigkeit	++	++	++	++
Umstellungsfähigkeit	+	++	++	+
Rhythmisierungsfähigkeit	+	+	++	+
Konditionelle Fähigk.				
Kraft	o	+	–	+
Ausdauer	–	–	–	–
Schnelligkeit	–	–	o	–

   –   Fähigkeit wird nicht benötigt.
   -        Fähigkeit wird selten benötigt.
   o   Fähigkeit kommt zum Einsatz, steht jedoch nicht im Vordergrund.
   +   Fähigkeit wird häufig benötigt.
   ++   Fähigkeit wird in hohem Maße benötigt.

4.3.2 Bodentechniken

Der Judosport teilt die Bodentechniken in drei Gruppen ein:

- Haltetechniken
- Hebeltechniken
- Würgetechniken

Alle Autoren, die sich mit der Thematik „Judo der Behinderten" befassen, sind sich in der Intention einig, dass aus Sicherheitsgründen auf Würge- und Hebeltechniken verzichtet werden sollte, da die häufig fehlende oder eingeschränkte Steuerung der Bewegungskoordination zu Verletzungen führen könnte.

Dabei sind sich auch die Autoren der Judoprüfungsordnung für Behinderte bewusst, dass die „motorischen Beeinträchtigungen nicht für alle Behinderten gelten. Dennoch werden diese Fähigkeiten und Fertigkeiten (Würge- und Hebeltechniken) bei der Kyu-Prüfungsordnung für Behinderte nicht überprüft". Daher beschränken wir uns auch bei der Analyse der Bodentechniken ausschließlich auf Festhaltegriffe.

Mit Hilfe einer Festhaltetechnik soll der Partner über einen Zeitraum von 30 Sekunden fixiert werden. Zur Anerkennung eines Haltegriffs als Judotechnik müssen folgende Kriterien erfüllt sein:

- Uke (der Gehaltene) muss auf dem Rücken liegen.
- Tori (der Haltende) muss über Uke liegen.
- Tori muss Uke kontrollieren, d.h. dessen Bewegungsfreiheit einschränken.
- Tori muss jederzeit aufstehen können.

Bewegungsphasen
Im Allgemeinen werden die Grifftechniken nicht in Phasen eingeteilt (LEHMANN/MÜLLER DECK 1987, S. 108), jedoch kann man Lage, Stellung, Aktion und Reaktion der Übenden durchaus strukturieren:

Griffvorbereitung

In der Vorbereitungsphase müssen eine Reihe von Aktivitäten vom Judoka realisiert werden, um sich optimalen Kontaktstellen und Stützpunkten zu nähern. Nur so kann die für die jeweilige Technik günstigste Position eingenommen werden (LEHMANN/MÜLLER DECK 1987, S. 108). Wichtig ist in dieser Phase, dass Tori versucht, Uke jederzeit zu kontrollieren.

Griffansatz

Hier muss Tori seine konditionellen und koordinativen Fähigkeiten bündeln und konzentriert einsetzen (siehe auch LEHMANN/MÜLLER DECK 1987, S. 109). Uke wird durch geschicktes Verteidigen versuchen, die Wirkung der Haltetechnik zu begrenzen bzw. zu verzögern.

Griffabschluss

Konnte Tori seine Grifftechnik erfolgreich ansetzen, wird Uke versuchen, durch eine Befreiungstechnik den Griff zu unterbrechen. Tori wiederum muss seinerseits auf diese Befreiungsversuche von Uke durch eine entsprechende Verlagerung des Körperschwerpunktes reagieren.

Exemplarische Darstellung der Haltetechnik „Kesa-Gatame"

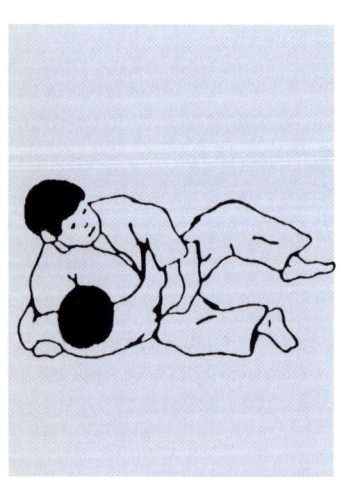

Der Judoka sitzt neben seinen auf dem Rücken liegenden Partner. Dabei belastet er mit der Seite seines Thorax Brust und Seite seines Partners.

Die Füße sind vom Partner weggestreckt, die Beine etwas gespreizt, beide Knie sind flach am Boden.

Mit dem rechten Arm umschlingt er Hals und Nacken seines Partners. Mit der rechten Hand erfasst er die Jacke bzw. den Kragen des Partners. Mit der linken Hand ergreift er den rechten Ärmel des Partners in Höhe des Ellbogengelenks auf der Außenseite, zieht diesen unter seinen linken Arm und kontrolliert sein rechtes Handgelenk mit seiner linken Achselhöhe.

Motorische Beanspruchung der Judohaltetechniken

MOTORISCHE FÄHIGKEITEN	HALTETECHNIKEN			
Koordinative Fähigkeiten	Kesa-Gatame	Kami-Shiho-Gatame	Tate-Shiho-Gatame	Yoko-Shiho-Gatame
Differenzierungsfähigkeit	++	+	+	+
Koppelungsfähigkeit	++	++	++	++
Reaktionsfähigkeit	+	+	+	+
Orientierungsfähigkeit	+	o	o	o
Gleichgewichtsfähigkeit	–	–	–	–
Umstellungsfähigkeit	++	+	++	+
Rhythmisierungsfähigkeit	o	o	o	o
Konditionelle Fähigkeiten				
Kraft	+	+	+	+
Ausdauer	–	–	-	-
Schnelligkeit	-	-	-	-

– Fähigkeit wird nicht benötigt.
- Fähigkeit wird selten benötigt.
o Fähigkeit kommt zum Einsatz, steht jedoch nicht im Vordergrund.
+ Fähigkeit wird häufig benötigt.
++ Fähigkeit wird in hohem Maße benötigt.

4.3.3 Falltechniken

Grundlagen der Fallschule

Durch das Üben der Falltechniken lernt der Judoka, den ganzen Körper zu beherrschen. Das japanische Wort UKEMI bedeutet „Körperbeherrschung". Beim Fallen wird die soziale Interaktion der Sportart Judo besonders deutlich. „Man muss werfen und sich werfen lassen" (OHGO 1972). Folgende Grundanforderungen sind daher an Falltechniken zu stellen:

- Das Aufkommen des Körpers ist auf eine möglichst große Fläche zu verteilen.
- Der Aufprall des Körpers wird durch einen federnden Armschlag, möglichst 45° zum Rumpf, abgefangen.
- Empfindliche Körperteile wie Kopf und Gelenke sind vor dem Aufprall zu schützen.
- Dem Partner kommt beim Fallen eine wichtige Helferfunktion zu. Er muss durch entsprechende Hilfeleistungen die Sicherheit der Falltechnik erhöhen.

Exemplarische Darstellung der Falltechnik „vorwärts"

Aus der Fußstellung rechts vorwärts setzt der Judoka beide Hände auf die Matte auf. Wie die Füße werden auch die Hände rechts-links versetzt auf die Matte aufgesetzt. Die Finger der vorderen Hand (rechts) zeigen dabei zurück zum Körper.

Die Fallrolle erfolgt über den rechten Arm und über die rechte Schulter weiter über den Rücken bis zur linken Seite des Gesäßes. Beim Aufprall des Rückens schlägt der linke Arm mit der gesamten Armeslänge im 45°-Winkel zum Körper kräftig auf die Matte ab. Während das rechte Bein leicht gestreckt mit der äußeren Fußkante die Matte berührt, setzt die Fußsohle des leicht angewinkelten linken Beins auf.

Der beim Rollen noch vorhandene und durch das Abschlagen des linken Arms verstärkte Schwung wird ausgenutzt, um nach dem Abschlagen wieder aufzustehen. Dabei ist darauf zu achten, dass die Beine sich nicht überkreuzen.

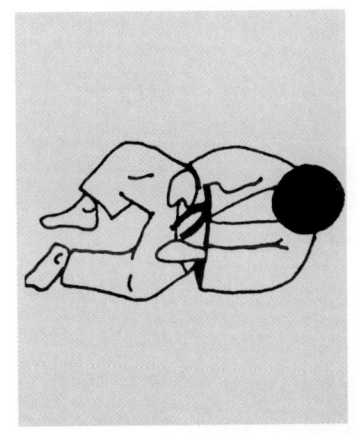

Motorische Beanspruchung der Judofalltechniken

Motorische Fähigkeiten	Falltechnik		
Koordinative Fähigkeiten	rückwärts	seitwärts	vorwärts
Differenzierungsfähigkeit	o	+	++
Koppelungsfähigkeit	+	+	++
Reaktionsfähigkeit	o	o	o
Orientierungsfähigkeit	−	o	+
Gleichgewichtsfähigkeit	−	o	+
Umstellungsfähigkeit	+	+	++
Rhythmisierungsfähigkeit	+	+	++
Konditionelle Fähigkeiten			
Kraft	o	-	o
Ausdauer	—	—	-
Schnelligkeit	o	-	o

—	Fähigkeit wird nicht benötigt.
-	Fähigkeit wird selten benötigt.
o	Fähigkeit kommt zum Einsatz, steht jedoch nicht im Vordergrund.
+	Fähigkeit wird häufig benötigt.
++	Fähigkeit wird in hohem Maße benötigt

4.4 Aufbau einer Judorehastunde

Zeit	Phase	Spielform	Schüleraktivität	Lehreraktivität	Förderbereich	Sozialform	Medien	Sonderpädagogischer Kommentar
0	Beginn	Begrüssung	Schüler und Lehrer knien nieder, konzentrieren sich etwa eine Minute mit geschlossenen Augen und grüßen nach Aufforderung durch den Lehrer.		Konzentration			Beginn einer jeden Judostunde. Durch Konzentrationsphase sollen die Schüler abschalten vom Erleben und sich auf die nun beginnende Judostunde vorbereiten.
2'	Einleitung	Laufspiel	Schüler laufen kreuz und quer über die Judomatte. Nach dem Tamburin-Rhythmus verändern sie ihr Lauftempo bzw. verharren in der Standposition.	Lehrer bestimmt den Laufrhythmus mit Hilfe des Tamburins.	Gesamtkörperkoordination Rhythmidieren von Bewegungsabläufen	Einzelarbeit	Tamburin	Stillen des ersten Bewegungshungers bei langsamer Steigerung der Aufmerksamkeit. Der von außen vorgegebene Rhythmus soll nur kurz eingesetzt werden, um nicht die Entwicklung des natürlichen inneren Rhythmus zu behindern.
5'		Nachlaufspiel	Schüler wählen einen Partner, laufen diesem hinterher und versuchen, dessen Bewegung nachzuvollziehen.	Lehrer erklärt das Spiel, hilft bei der Partnerwahl und stellt sich ggf. als Partner zur Verfügung.	Optische Wahrnehmung Sozialität	Partnerarbeit	Schüler	Schüler nutzen den freien Raum, der zu kreativen Bewegungen anregen soll. Der nachlaufende Schüler akzeptiert den Partner, indem er versucht, die vorgegebene Bewegung nachzuvollziehen.
8'		Spiegelspiel	Paare stellen sich einander auf. Ein Schüler kreiert eigene Bewegungen, die der Partner spiegelbildlich nachahmen soll.	Lehrer erklärt das Spiel und macht auf das spiegelbildliche Kopieren der vorgegebenen Bewegungen aufmerksam.	Kinästhetische Wahrnehmung Körperschema Kreativität	Partnerarbeit	Schüler	Das spiegelbildliche Nachahmen vorgegebener Bewegungen erfordert Konzentrationsfähigkeit und Kenntnisse über Lateralität und Körperschema. Evtl. können hier noch Variationen der spiegelverkehrten Nachahmung eingebaut werden.
10'		Standhalten	Schüler bleiben in der bekannten Position. Sie versuchen nun, sich durch gegenseitiges Händedrücken aus dem Gleichgewicht zu bringen.	Lehrer demonstriert und erklärt die für dieses Spiel wichtigen Spielregeln.	Bewegungsantizipation Statisches Gleichgewicht Geschicklichkeit	Partnerarbeit		Spiel fordert typische Verhaltensweisen des Zweikampfes wie Täuschen, Ausweichen und Abtasten. Dabei erkennen die Schüler, dass Kraft allein nicht ausschlaggebend sein kann. Evtl. ein weiteres Kampfspiel.

Judo als Rehasport

Zeit	Phase	Spielform	Schüleraktivität	Lehreraktivität	Förderbereich	Sozialform	Medien	Sonderpädagogischer Kommentar
12'	Hauptteil	Reiterspiel	Paare klären untereinander ihre Rollenverteilung und krabbeln als Pferd und Reiter über die Matten.	Lehrer gibt evtl. einzelnen Paaren kleine Tips, so dass auch körperlich unterschiedliche Paare miteinander spielen können.	Sozialität	Partnerarbeit		Erforderliche Bewegungsdynamik nach den relativ statischen Spielen erleichtert den Übergang in die Bodenlage und damit zum Hauptteil der Stunde.
14'		Reiterabwerfen	Das „Pferd" versucht den „Reiter" durch Schaukelbewegung abzuwerfen.	Lehrer erklärt die Spielregeln und lässt sie ggf. durch das Bewegungsvorbild eines Schülers demonstrieren.	Koordination Dynamisches Gleichgewicht Regelbewusstsein	Partnerarbeit		Spiel ist für die Schüler hoch motivierend und dient als Einleitung zu den folgenden Fallübungen.
16'		Abrollspiel	„Reiter" versucht nun, durch eine Rollbewegung nach vorn vom Pferd abzusteigen.	Lehrer demonstriert die Abrollbewegung. Während des Spiels beobachtet er die übenden Paare, um ggf. korrigierend einzugreifen.	Koordination Selbstbewusstsein, Mut, Sozialität	Partnerarbeit		Spiel führt in die Fallrolle vorwärts ein, die zu einem späteren Zeitpunkt benötigt wird. Hier wird das Spiel aber auch gleichzeitig als Vorbereitung auf das Höhlenspiel genutzt, um das Abstützen des Kopfes beim Durchklettern der Höhle zu vermeiden. Als Variation kann das „Pferd" den Partnerfall unterstützen.
18'		Pferdchen-wechsel-dich	„Reiter" wechseln auf akustisches Signal das „Pferd". Beim Pferdewechsel rollen sie jedoch nach vorne ab.	Je nach Schülerzahl beteiligt sich der Lehrer am Spiel oder beobachtet nur.	Visuelle Wahrnehmung Gesamtkörperkoordination Schnelligkeit	Partnerarbeit		Sollten die Schüler das Abrollen vom Pferd noch nicht gefahrenlos beherrschen, kann das Spiel auch ohne Rollbewegung durchgeführt werden.

Zeit	Phase	Spielform	Schüleraktivität	Lehreraktivität	Förderbereich	Sozialform	Medien	Sonderpädagogischer Kommentar
20'	Hauptteil	Höhlenspiel	Ein Schüler stellt eine große Bank dar, durch die der andere krabbeln soll.	Lehrer leitet das Spiel verbal ein.	Gewandtheit	Partnerarbeit		Übergang zur Partnerarbeit. Spiel kann bei fortgeschrittener Zeit auch entfallen.
22'		„Krabbeln"	Eine normale Bankstellung muss der Partner überwinden und durchkriechen.	Lehrer gibt Anweisungen, die Bank mindestens drei bis fünf mal zu überwinden.	Gewandtheit Schnelligkeit	Partnerarbeit		Einleitung des Höhlenspiels. Bewegungsrichtung wird dadurch vorgegeben, da es sonst ständig zu Irritationen der Schüler kommt.
24'		„Hangeln"	Schüler versucht, die Höhle möglichst „trocken" zu durchklettern.	Lehrer erklärt das Höhlenspiel und demonstriert ggf. die Bewegungsaufgabe.	Geschicklichkeit Gewandtheit Schnelligkeit	Partnerarbeit		Hier sind individuelle Hilfen nötig, da bei einer solchen Aufgabenstellung Schüler einzeln angesprochen werden müssen. Lehrer achten darauf, dass sich die Schüler beim Durchhangeln nicht mit dem Kopf abstützen.
26'		„Zusammenbrechen"	„Höhle" bricht zusammen, nachdem der „Forscher" ins Wasser gefallen ist, und sie versucht, diesen unter sich zu begraben. Der Forscher versucht hingegen sich noch zu retten.	Lehrer beobachtet die Paare, gibt ggf. einzelnen Hinweise und motiviert inaktive Paare.	Sozialität Schnelligkeit Bewegungsantizipation Gewandtheit	Partnerarbeit		„Höhle" muss die Regel einhalten, erst nach dem „Wasserfall" zusammenzubrechen. Sollten sich hier kleine kämpferische Rangeleien anschliessen, werden sie vom Lehrer geduldet.
28'		Höhlenspiel	Schüler und Lehrer setzen sich zusammen, schauen sich die Großzeichnung der Judotechnik „Mune-Gatame" an und nehmen dazu Stellung		Konzentration Interaktion	Partnerarbeit	Großzeichnung	Schüler sollen nun mit Hilfe der Großzeichnung ihre Bewegungsposition als einen zum Judosport gehörenden Haltegriff erkennen.

Judo als Rehasport

Zeit	Phase	Spielform	Schüleraktivität	Lehreraktivität	Förderbereich	Sozialform	Medien	Sonderpädagogischer Kommentar
30'	Hauptteil		Schüler spielen erneut das Höhlenspiel. Sie achten in der Endphase des Spiels auf ihre Körperlage.	Lehrer beobachtet die Paare und spielt ggf. bei einzelnen Paaren mit. Lehrer schreibt den Namen des Haltegriffs an die Tafel.	Kommunikation Interaktion	Partnerarbeit	Tafelanschrift	Wiederholung des Höhlenspiels, wobei die Paare nun versuchen, dem Idealbild des Haltegriffs näher zu kommen. Sollte die Zeit noch ausreichen und Interesse seitens der Schüler bestehen, können an dieser Stelle entweder häufige Partnerwechsel erfolgen oder erste Befreiungsversuche eingeführt werden.
35'	Ausklang	Entspannung Reise zum Atemberg	Schüler liegen auf dem Rücken, schließen die Augen und lauschen dem Märchen.	Lehrer liest mit musikalischer Unterstützung ein Märchen vor.	Entspannung Konzentration Atmung Konzentration Kognition Motivation	Einzelarbeit	Vorlesen eines Märchens Musik Arbeitsblatt	Schüler sollen sich in der entspannten Lage behütet fühlen und Schwere, Wärme, Gelöstheit und Entspannung spüren. Der klassische Hintergrund soll dabei helfen und unterstützen. Die Atmung wird nun durch das Märchen den Schülern bewusst gemacht.
42'	Schluß	Abgrüßen	Schüler und Lehrer knien nieder. Lehrer fordert einige Schüler auf, den Stundeninhalt verbal zusammenzufassen und die erarbeitete Judotechnik zu benennen. Nach einer zirka einminütigen Konzentrationsphase grüßen die Übungsteilnehmer. Danach verteilt der Lehrer die Arbeitsblätter.					Das Arbeitsblatt soll Schüler dazu anleiten, auch außerhalb der Sportstunde die Auseinandersetzung mit Judo zu suchen und durch Sammeln der Blätter den individuellen Leistungsfortschritt zu erkennen.

5 Das Sportprojekt 'Judo mit mehrfachbehinderten Jugendlichen'

5.1 Einleitung

Die Geschichte der v. Bodelschwinghschen Anstalten Bethel ist verknüpft mit der Geschichte epilepsiekranker junger Menschen. In Bethel wurden ihnen Bedingungen geschaffen, die ein größtmögliches Maß an persönlicher Freiheit mit konsequenter Unterstützung bei der Krankheitsbewältigung verbanden.

Dabei gibt es eigentlich gar nicht die Epilepsie – es gibt aber viele verschiedene Epilepsien, von denen meist die eindrucksvollen sturzbegleiteten Formen bekannt sind. Daneben gibt es andere, kaum in Erscheinung tretende Varianten, die von kurzen Bewusstseinsstörungen bis zu 'einem komischen Gefühl im Bauch' gehen.

Die Epilepsie ist eine Erkrankung, die heute dank beeindruckender medikamentöser und operativer Entwicklungen in den meisten Fällen zu beherrschen ist. Dennoch, wie auch vor 130 Jahren, ist diese Diagnose oft verknüpft mit maßgeblichen Einschränkungen des alltäglichen Lebens, seien es Arbeit, Freizeit oder Aktivitäten wie Autofahren, Schwimmen und Diskothekenbesuch.

Etymologisch liegt dem Wort Epilepsie übrigens das griechische *epi-lambanein*, was so viel bedeutet wie *anfassen* oder *befallen*, zugrunde.

Mein Interesse gilt nun schon seit vielen Jahren dem Phänomen des 'im Anfall nicht Kontrollierbaren', des nicht vermeidbaren Sturzes, des das Bewusstsein raubenden Ereignisses. Ein Anfall hat bei bestimmten Formen nicht nur zur Konsequenz, am Boden zu liegen, zu den anderen aufzublicken, nicht zu wissen, was gerade geschehen ist, er hat leider oft auch Verletzungsfolgen.

Dieses Ereignis ist ein für die unmittelbar wie auch die mittelbar Betroffenen einschlagendes Ereignis. Die Frage, die sich daraus entwickelt, ist, ob es möglich sein kann, den Sturz als schwer wiegendes Stigma bewusst anzugehen, ihn nicht zu vermeiden - was ja auch gar nicht geht, sondern mit ihm umzugehen, selbst anzufassen, aktiv zu sein.

Ohne Judo erlernt zu haben, hat mich von Anfang an fasziniert, dass bei diesem Sport das Fallen ein bewusst zu erlernender Bestandteil der eigenen Sicherheit ist; der Sturz wird geplant, er wird perfektioniert, er dient der Beherrschung des Körpers.

Das Judoprojekt in Bethel basiert nun neben anderen Aspekten auf der neurophysiologischen Annahme, dass der immer wieder erlernte Umgang mit dem Fallen im Augenblick des Anfallsgeschehens selbst Bewegungsmuster in Gang setzt, die den Sturz weicher und ohne Verletzungen ablaufen lassen. Es wäre zu wünschen, dass uns eines Tages der Nachweis dazu gelingt.

Die vielen positiven Effekte, die wir im Rahmen des Projektes herausarbeiten konnten, sind uns immer ein Ansporn gewesen, an der Umsetzung dieser beeindruckenden Sportart festzuhalten.

So sind die v. Bodelschwinghschen Anstalten Bethel auch heute ein Synonym für Kreativität und konstruktiven Umgang mit Krankheit und Behinderung.

L. WORMS

5.2 Aus der Sicht des betreuenden Arztes

Judo mit epilepsiekranken und geistig behinderten Menschen zu trainieren, scheint zunächst ungewöhnlich, da Judo als vermeintlich gefährliche und koordinativ sehr anspruchsvolle Sportart gilt.

Diese Sportart im Rahmen der Behandlung und Rehabilitation anzubieten und von medizinischer Seite zu verantworten, bedarf vorher einer gründlichen Analyse der vermeintlichen Gefährlichkeit dieser Sportart und der vermuteten Gefährdung des Judokas. Ebenso muss die Eignung dieser Sportart für den Sport mit epilepsiekranken und geis-tig behinderten Menschen und die Möglichkeiten der Modifikation zum 'bekannten' Vereinsjudo überprüft werden.

Es müssen die positiven gesundheitlichen und rehabilitativen Aspekte der Sportstunden herausgestellt werden und die Auswirkungen regelmäßigen Judotrainings auf die Verbesserung z.B. motorischer Parameter (Körperkoordination u.a.) aufgezeigt werden. Diese Aspekte waren vor dem Beginn des Judotrainings in den v. Bodelschwinghschen Anstalten abzuklären. Die Überlegungen für eine Erweiterung des Bewegungs- und Sportangebotes in den vBAB sollen kurz dargestellt werden und erste Erfahrungen aus der Sicht des betreuenden Arztes aufgezeigt werden.

Wie immer, wenn eine Sportart begonnen wird, sollte eingangs auch eine sportmedizinische Untersuchung erfolgen. Diese entspricht den üblichen Richtlinien, die für eine sportmedizinische Untersuchung gelten. Darauf hingewiesen sei noch einmal, dass es keinen medizinischen Grund gibt, epilepsiekranke Menschen von sportlichen Aktivitäten auszuschließen (vgl. WORMS 1990; WERLE 1994; ALTRUP/SPECHT 1995; NAKKEN 1996).

Während der Übungsstunden sollte ein Arzt anwesend sein und die Übungsstunden medizinisch überwachen. Von Oktober 1994 – Oktober 1996 habe ich die Betheler Judogruppe betreut. Während dieser beiden Jahre gab es keine ernsthaften Verletzungen. Vereinzelt gab es Prellungen und Zerrungen, gelegentlich Schürfwunden und kleine Risswunden, die mit einem Pflaster ausreichend behandelt waren.

Es gab auch keine Hinweise auf ein vermehrtes Auftreten von Anfällen. Ein Zusammenhang zwischen der Einnahme von Antiepileptika und der körperlichen Aktivität war nicht offensichtlich, Studien von WORMS (1990) und NAKKEN (1996) hatten diesen Zusammenhang bereits untersucht und Menschen mit Epilepsie, die medikamentös eingestellt sind, ermuntert, Sport zu treiben.

Aus ärztlicher und damit auch gesundheitspolitischer Sicht ist anzuführen, dass sehr wenige behinderte Menschen, gleich welchen Alters, im vereinsgebundenen Sport organisiert sind und damit regelmäßig Sport treiben (etwa 3%). In den 2.800 Behindertensportvereinen (vgl. STIFTUNG BEHINDERTENSPORT 1995) sind nur etwa 210.000 behinderte Menschen aktiv. Damit repräsentieren sie nur etwa 1% der gesamten Mitglieder des Deutschen Sportbundes (DSB), in welchem sie als Verband integriert sind, obwohl in der Bundesrepublik Deutschland der Prozent-Anteil (schwer-) behinderter Menschen bei 6-8 Millionen (vgl. BEHINDERTE MACHEN SPORT 1998, 159) liegt.

Auch die Prozentzahl der sporttreibenden behinderten Kinder und Jugendlichen liegt bundesweit bei nur etwa 3% (DEUTSCHE BEHINDERTEN SPORTJUGEND 1993); der Anteil der nicht behinderten Kinder und Jugendlichen in Sportvereinen liegt dagegen bedeutend höher.

Daraus ergibt sich die Notwendigkeit, gerade möglichst viele behinderte Kinder und Jugendliche, aber auch behinderte Menschen jeder Altersklasse für den Sport zu gewinnen. Hier gilt es, Ängste sowohl seitens der behinderten Menschen als auch seitens der Betreuer (Eltern, Pädagogen und Ärzte) abzubauen. Dem oft mangelnden Selbstvertrauen aufgrund fehlender Bestätigung durch die Umwelt, durch Überbehütung durch die Eltern und durch Unsicherheiten im Umgang mit anderen Menschen muss entgegengewirkt werden. Die daraus resultierende soziale Isolation muss gemindert werden. Diese vor allem behinderte Menschen betreffenden Probleme kann der Sport mildern oder sogar beseitigen.

Vermutete Gefährlichkeit in der Sportart Judo

Das Vorurteil der 'besonderen Gefährdung' in dieser Sportartengruppe konnte bisher für Nichtbehinderte statistisch nicht belegt werden. Es liegt sogar im Gegenteil ein sportmedizinisches Gutachten von HEISS (1972) vor, der nach Auswertung mehrerer Sportunfallstatistiken feststellt: „Eine besondere Gefährdung der Teilnehmer ist weder statistisch noch erfahrungsgemäß erwiesen. (...) Die körperlichen und psychischen Vorteile eines richtigen Judotrainings überwiegen bei weitem die evtl. auftretende Gefährdung" (ebd., S. 290). Diese Aussage wurde für den Bereich des Judosports mit Nichtbehinderten getroffen, dennoch ist eine verstärkte Gesundheitsgefährdung für Behinderte durch Judo nicht anzunehmen (vgl. RUNKEL 1983, S. 6). Weitere Sportverletzungsstatistiken[1] – wiederum für Nichtbehinderte – zeigen eine relativ niedrige prozentuale Häufigkeit der Judokas im Vergleich zu 'klassischen' Ballsportarten, Leichtathletik oder Skifahren.

Für den Gründer des Judosportes J. KANO war es wichtig, dass alle gefährlichen Techniken, Tritte und Stöße des Jiu-Jitsu entfernt und durch aktive und kreative Gestaltungsmöglichkeiten für Verteidigung und Angriff ersetzt wurden.

Dennoch bestehen weiterhin Vorbehalte gegenüber dieser Sportart, insbesondere für epilepsiekranke Menschen. Dr. A. MATTHES ordnete Judo Mitte der achtziger Jahre noch als „ungeeignete" Sportart für Anfallskranke ein (vgl. ebd. 1984, S. 165). In der fünften Neuauflage seines medizinischen Buches zu 'Epilepsien' ist Judo jedoch als einzige Sportart in der Zuordnung „ungeeignet"

(MATTHES/SCHNEBELE 1992, S. 202) nicht mehr aufgeführt worden. Eventuell haben hier die positiven Erfahrungen der Judogruppe im Epilepsiezentrum Kehl-Kork (vgl. HESSLER 1994), in welchem MATTHES arbeitete, mit zu diesem Umdenken geführt.

Eine Erhöhung der Anfallshäufigkeit zeigte sich auch nicht in der Judogruppe in Bethel. Eine derzeit laufende statistische Studie in den v. Bodelschwinghschen Anstalten Bethel untersucht, inwieweit sich das Judotraining auf die Frequenz der Anfälle auswirkt.

Informationen und fundierte Untersuchungen zur geringen Gefährdung bei Judo mit behinderten Menschen können zu einem Abbau der angeführten Vorbehalte und Vorurteile beitragen. Ebenso können Untersuchungen und Erfahrungsberichte über die Realisation von Judo im Behindertensport helfen, mehr Behinderte und auch Nichtbehinderte an diese Sportart heranzuführen.

Es ist möglich, die Trainingseinheiten so zu gestalten, dass auch mental retardierte Menschen die Inhalte aufnehmen und erfolgreich umsetzen können, um so z.b. die Kyu-Prüfungen (Gürtelprüfungen) bestehen zu können. Das Kyu-Prüfungsprogramm enthält Grundtechniken aus der Fallschule, den Wurftechniken und den Grifftechniken. Das nordrhein-westfälische Dan-Kollegium (1996) und der Behinderten-Sportverband Nordrhein-Westfalen haben eine Kyu-Prüfungsordnung „Judo der Behinderten" entwickelt, um auch geistig behinderten und körperbehinderten Menschen, die nach den Regeln der allgemeinen Prüfungsordnung eine Kyu-Prüfung nicht absolvieren können, gerecht zu werden. Geistig Behinderte sollen gemäß ihren Fähigkeiten die jeweilige Graduierung erreichen können. Wegen der Verletzungsgefahr sollen geistig Behinderte *keine* Hebel- und Würgetechniken erlernen. Für Prüfungen sollen Ersatztechniken angeboten werden. Als Beispiel sei hier die Betheler Judogruppe angeführt: Die aus mental retardierten und zum großen Teil auch aus epilepsiekranken Jugendlichen bestehende Betheler Judogruppe (Gründung Oktober 1994) hat im Februar 1997 die Gelbgurtprüfung abgelegt. Fast alle Mitglieder der Betheler Judogruppe sind ihrem Sport treu geblieben und trainieren mit großem Eifer für die nächste Graduierung.

Mehr als bei vielen anderen Sportarten besteht die große Chance, dass die Jugendlichen gerade dem Judosport „treu bleiben", d.h., dass eine langfristige Bindung an den Sport erfolgt, weil der Erwerb immer höherer Graduierungen sehr motivationssteigernd wirkt. Das ist gerade für behinderte Jugendliche sehr wichtig. Haben doch beispielsweise die behinderten Jugendlichen in Bethel fast alle eine zerebrale Bewegungsstörung, die in der Regel krankengymnastisch angegangen wurde. Oft haben diese behinderten Jugendlichen schon jahrelang eine krankengymnastische Behandlung erfahren, die immer ineffektiver wurde, da die jungen Erwachsenen oder Kinder die 'Lust' und Motivation verloren haben. Nicht selten bitten mich dann die zuständigen Physiotherapeuten, zunächst mit der Therapie aufzuhören, weil keine motorischen Fortschritte mehr feststellbar sind.

Ganz anders dagegen beim Judo: Judo macht den Sportlern Spaß und gleichzeitig können sich aufgrund des Trainings zahlreiche motorische und psychosoziale Verbesserungen einstellen. Besonders in der Aufwärmphase, die für den Judoka sinnvoll und zum Judosport dazugehörig beurteilt wird, werden zahlreiche gymnastische Übungen durchgeführt. Somit empfindet der behinderte Judoka die Trainingsstunde nicht als Therapie, die auf seine Defizite zielt, sondern als aktive Freizeitgestaltung, in der er persönliche körperliche Lernfortschritte nachvollziehen kann und Erfolgserlebnisse erfährt.

So können Bewegungsstörungen 'sinnvoll' für den Patienten angegangen und behandelt werden. Das so ausgeführte Judo mit geistig behinderten Menschen erfüllt daher insbesondere das Ziel des Rehabilitationssports, welches die eigene Aktivität des Behinderten verlangt und den Erfolg vom eigenen persönlichen Einsatz abhängig macht. Der Judosport in Bethel ist somit ein Sportangebot, aus dem die mental retardierten, zerebral bewegungsgestörten Jugendlichen großen Nutzen ziehen. Eine spezielle Krankengymnastik, die oft langweilig und damit motivationshemmend wirkt, leistet dann sicherlich nicht mehr, sondern weniger.

Seit einigen Jahren liegen empirische Untersuchungen vor, die Judo als geeignete Sportart für geistig behinderte Sportler beschreiben (u.a.: BONFRANCHI 1979, JANKO 1984 b, ROSEN 1992, GÖSSLING 1990, INNENMOSER/ JANKO/ VÖGTLE 1992, BAUMANN 1996, VIETING 1997). GÖSSLING (1990), BAUMANN (1996) und VIETING (1997) haben nachgewiesen, dass Judo entscheidend die Körperkoordination verbessert und damit auch Bewegungsstörungen vermindert. Koordinationsverbesserungen konnten in der Betheler Judogruppe schon nach wenigen Monaten bei nur einem Trainingstermin pro Woche gemessen werden. Es zeichnet sich ab, dass sich auch weitere motorische Parameter (Reaktionsfähigkeit und Feinmotorik) positiv veränderten. Auch von fachärztlicher Seite wird Judo als eine Bewegungsschule für Motorik der besonderen Art angesehen (WOLTER 1996) und die Übungsleiter-Sonderlizenz 'Judo der Behinderten' wird von den Krankenkassen als Qualifikation für Übungsleiter in der Rehabilitation anerkannt.

Judo mit geistig behinderten Menschen zählt leider noch nicht zu den Rehabilitationssportarten, obwohl die positiven Effekte auf die geistig behinderten Menschen medizinisch offensichtlich und auch wissenschaftlich nachweisbar sind. Die Judostunden mit geistig behinderten Menschen sollen so vermittelt werden, dass sie zu einer Verbesserung der körperlichen und psychischen Verfassung führen, ohne den behinderten Menschen zu überlasten. Auf solch eine Art und Weise vermitteltes Judo hat mit Kampfsport nichts mehr zu tun. Wie aus dem oben Beschriebenen hervorgeht, erfüllt Judo in geradezu idealer Weise die Kriterien, um als weitere Rehabilitationssportart anerkannt zu werden.

W. KORING

5.3 Aus der Sicht der sportwissenschaftlichen Begleitung

Bewegungsangebote zu eröffnen, um somit Sport, Spiel und Bewegung in den Alltag und in die Behandlung von behinderten Menschen einzubinden, weist in den v. Bodelschwinghschen Anstalten Bethel (vBAB) schon eine lange und erfolgreiche Tradition auf (vgl. WORMS 1990). Dabei überwiegen jedoch die praktischen Erfahrungen gegenüber theoretisch und empirisch abgesicherten Untersuchungen und Vorgehensweisen.

Dieses Missverhältnis von ausgeführter Praxis und fehlender theoretischer und empirischer Absicherung zeigt sich nicht nur in Bethel, sondern auch in dem sich in den letzten Jahren ausweitenden Bereich 'Sport mit behinderten Menschen' (vgl. BSNW 1995).

Anliegen der sportwissenschaftlichen Begleitung des Sportprojektes 'Judo mit mehrfachbehinderten Jugendlichen' ist es daher gewesen, einen Beitrag zur Verringerung dieses Defizits, zunächst in Bezug auf Bethel, aber auch ansatzweise im Hinblick auf den Behindertensport allgemein zu leisten. Ausgangspunkt war die Überlegung, weitere Sportmöglichkeiten für mehrfachbehinderte Menschen zu eröffnen. Das Sportprojekt wurde von ärztlicher, pädagogischer und wissenschaftlicher Seite her begleitet und durch die finanzielle Förderung der *Stiftung Behindertensport* unterstützt.

Aus der Zusammenarbeit des Bewegungs- und Sporttherapeutischen Dienstes in Bethel (BSD) und dem Kinder- und Jugendbereich des Epilepsiezentrums Bethel entstand die Idee, gerade anfallskranke Jugendliche in dieses Sportprojekt mit einzubinden. Die Mehrfachbehinderungen der Zielgruppe manifestierten sich in der primären Behinderung der mentalen Retardierung (geistige Behinderung und Lernbehinderung), in den Krankheitsbildern der Epilepsien, in motorischen Beeinträchtigungen und Verhaltensproblematiken.

Die Vorurteile und mangelnden Informationen über die Krankheitsbilder der Epilepsien waren bisher für eine sehr zurückhaltende Einstellung im Hinblick auf die Thematik 'Sport und Epilepsie' verantwortlich. Diese Vorbehalte lassen sich jedoch im Einzelnen entkräften, sodass für den größten Teil der Betroffenen keine Beschränkungen oder Verbote in der Ausübung von sportlichen Aktivitäten erforderlich sind (vgl. u.a. WERLE 1994, NAKKEN 1995).

Das Sportprojekt wurde gerade für die Zielgruppe der mental retardierten und epilepsiekranken Bewohner der vBAB konzipiert. Dafür wurde die Sportart Judo, die eine intensive Fallschulung beinhaltet, ausgewählt. Es war zunächst ungewöhnlich, Judo für mental retardierte und epilepsiekranke Jugendliche im Rahmen der Rehabilitation anzubieten. Anscheinend zu gefährlich erschien die Sportart für mehrfachbehinderte Jugendliche, in der auch schwierige und koordinativ anspruchsvolle Boden- und Wurftechniken in der Auseinandersetzung mit dem Partner eingesetzt werden. Gefördert wurde das öffentliche Bild dieser Sportart durch die heutige einseitige Wettkampfausrichtung im Vereinsjudo. Die Ursprünge des Judos jedoch stellen eine Sportart dar, die keinen Gegner, sondern nur Partner kennt und die nicht das Besiegen, sondern das Miteinander-Üben in den Vordergrund des Trainings stellt. Diese Sportart eignet sich aufgrund der von J. KANO geprägten Ziele und aufgrund des vielseitigen und den Judoka ganzheitlich erfassenden Anforderungsprofils ideal für Menschen mit Behinderungen.

Für das Judotraining mit mental retardierten und epilepsiekranken Jugendlichen mussten methodisch-didaktische Modifizierungen zum bekannten 'Vereinsjudo' erfolgen, um eine erfolgreiche Vermittlung anzustreben: Nicht nur techno-motorische Fertigkeiten sollten vermittelt werden, sondern Ziele wurden besonders „in den gesundheitlich stabilisierenden, Behinderung – verringernden, Sekundärschäden vermeidenden sowie affektiven, sozialen und kognitiven Bereichen" (INNENMOSER et al. 1992, S. 160-161) verfolgt. Zielsetzung war es, dem Jugendlichen Freude am Sport und an der Bewegung zu vermitteln. Nicht das Besiegenkönnen des anderen, die einseitige Wettkampfausrichtung, sondern mit anderen gemeinsam diese Sportart zu erlernen und zu erleben, stand im Vordergrund. Durch die Betonung des Freizeitsportcharakters sollten auch Grundlagen für eine mögliche Integration in einen allgemeinen Judoverein geschaffen werden. Das Judotraining mit seinem reglementierten Zweikampfverhalten und der notwendigen Zusammenarbeit mit dem anderen als Partner wurde als Chance gesehen, um soziales Verhalten zu beeinflussen. Die Körpererfahrungen wurden im Training nicht nur allein, sondern insbesondere mit einem Partner erlebt, sodass mit dieser Sportart die psycho-soziale Komponente stark angesprochen wurde. Anzuführen sind hier die Punkte 'Eingehen auf den anderen', 'Helfen beim Erlernen der Technik', 'Üben mit verschiedenen Partnern' und 'Aushaltenkönnen von engem Körperkontakt'. Dazu gehörte auch, dass das Training koedukativ ausgerichtet war.

Auf eine umfassende Bewegungserziehung wurde viel Wert gelegt. In der Aufwärmgymnastik wurden unterschiedliche sportliche Anforderungen in Bezug auf Koordination, Kraft und Ausdauer gestellt; sie wurden zum Teil in spielerischer Form vermittelt. Im Training wurden Übungen erlebt, die das Körperschema anbahnen konnten, die Raum-Lage-Orientierung schulten und so zur Bewegungskoordination und Körperkontrolle beitrugen. Insbesondere die Genauigkeit einer Bewegung musste trainiert werden, um z.B. einen Wurf erfolgreich ausführen zu können. Für den Partner bedeutete dies, dass er lernte zu antizipieren, welche Technik ausgeführt wurde. Das Training konnte dazu beitragen, eine reale Selbsteinschätzung des eigenen Könnens zu erlangen. Dabei konnten Erfolgserlebnisse erfahren werden, die zu einer emotionalen Stabilisierung beitrugen, was zu einer Verbesserung der Leistungsmotivation führte. Motivierend gestaltete sich auch die Gürtelprüfung, die dem Jugendlichen den Lernfortschritt am Gürtel und mit Urkunde bescheinigte. Das Erlernen neuer Judoinhalte wurde nach dem jeweils individuell möglichen Tempo des Einzelnen ausgerichtet, wobei die einzelnen Jugendlichen unterschiedlich viel oder wenig Hilfestellung bedurften. Es gab kein 'Richtig' oder 'Falsch', sondern vielmehr ein 'Anders'; der einzelne Jugendliche versuchte, die Judotechnik nach seinen Möglichkeiten umzusetzen.

Das Sportprojekt mit dieser Zielgruppe sollte auch überprüfen, ob Judo für mehrfachbehinderte Menschen geeignet sei, ihre Freizeit aktiver und selbstbestimmter zu gestalten. Das Angebot war aus diesem Grund als freiwilliges Freizeitsportangebot konzipiert, es war kein Therapie- und kein Schulangebot. Das Sportprojekt war zeitlich nicht begrenzt, um langfristig die Jugendlichen an ein organisiertes Sportangebot zu binden. Ziel des Sportprojektes war es, den Jugendlichen die Sportart Judo zu vermitteln und das regelmäßige Training in ihre Freizeitgestaltung einzubinden. Es wurde erhofft, dass sich gerade die Sportart Judo mit ihrem großen Anteil an Fallübungen eignen könnte, bei epilepsiekranken Jugendlichen die Angst vor dem Fallen zu reduzieren. Das Gefühl zu erleben, bewusst das Fallen zu steuern und zu beherrschen, könnte nach Ansicht der Organisatoren zur Angstreduzierung beitragen und helfen, das eigene Selbstbewusstsein aufzubauen (vgl. HESSLER 1994).

Für die Vermittlung der Sportart Judo wurde die deduktive Verfahrensweise durchgeführt. Die Judotechniken wurden bei dieser Methode von dem Trainer (im Judo mit dem Partner) beispielhaft demonstriert. Anschließend versuchten die Lernenden selbst, die vorgeführte Bewegung nachzuvollziehen und die Technik anzuwenden. Durch klare Strukturierungen sollten kognitive Überforderungen der Jugendlichen vermieden werden; ein Nachfragen der Teilnehmer war jederzeit möglich. Das gezielte Eingehen auf den Einzelnen und wiederholte Hilfestellungen konnten helfen, Übungsfortschritte zu erreichen. Im Verlauf der Trainingsabende wurde immer wieder die geringe Aufmerksamkeitsspanne der Jugendlichen deutlich.

Aufgrund ihrer geringen Bewegungserfahrungen und der zeitlich verringerten Konzentrationsphasen im Vergleich mit 'normal begabten' Jugendlichen benötigten sie viele Wiederholungen der einzelnen Übungsschritte und klare methodische Strukturierungen. Ständig waren schon erlernte Judotechniken und insbesondere die Fallschule zu üben und zu wiederholen. Die Jugendlichen lernten auch am Modell des Judolehrers, der vorbildlich die Judokommunikationsregeln einhielt, z.B. indem er bei Technikdemonstrationen mit einem Jugendlichen diesen an- und abgrüßte. Die Auswahl der deduktiven Vermittlungsmethode stellte sich im Lauf des Sportprojektes als richtig heraus, da besonders zu Beginn des Projektes öfters Streitereien unter den Teilnehmern auftraten. Durch die klaren Handlungsanweisungen und Demonstrationen des Judotrainers konnte dieser Störfaktor im Laufe des Projektes deutlich reduziert werden.

Die schwierigen japanischen Bezeichnungen für die unterschiedlichen Boden- oder Wurftechniken wurden durch deutsche Bezeichnungen ersetzt (z.B. 'Fußfeger' für De-Ashi-Barai). Weiterhin wurden die Haltegriffe 'nummeriert' in der Reihenfolge, wie sie erlernt wurden: ausgehend von der ersten Technik (z.B. Kesa-Gatame) werden die Änderungen zu weiteren Haltegriffen mit Zahlen angegeben. Die fünf grundlegenden Haltetechniken konnten auf diese Weise gut erlernt und 'benannt' werden, ohne die für mental Retardierte schwierigen Benennungen der japanischen Bezeichnungen.

Begleitend zu diesem Sportangebot sollte eine wissenschaftliche Untersuchung in Zusammenarbeit der vBAB und der Universität Bielefeld, Fakultät für Sportwissenschaft, empirische Daten ermitteln, um mögliche Auswirkungen des regelmäßigen Judotrainings zu messen. Der Untersuchungsaufbau war als Längsschnittuntersuchung im Kontrollgruppenverfahren konzipiert. Dafür wurden im Zeitraum von Herbst 1994 bis Sommer 1996 sportmotorische und motodiagnostische Tests im Rahmen eines Sportprojektes mit den trainierenden Judokas und einer Kontrollgruppe durchgeführt.

In der Judogruppe trainierten 14 Jugendliche im Alter von 14-25 Jahren (6 Mädchen, 8 Jungen); sie waren alle Anfänger dieser Sportart; 12 von ihnen hatten eine Epilepsie. In der Kontrollgruppe beteiligten sich 19 Jugendliche im Alter von 13-25 Jahren (9 Mädchen, 10 Jungen), die die wiederholten Tests durchführten, aber ansonsten kein weiteres Sportprogramm erfuhren. Sie stammten aus einer Sonderschule für geistig und lernbehinderte Schüler in Bethel, 10 von ihnen waren epilepsiekrank.

Im Zentrum dieser Studie standen die Veränderungen der Gesamtkörperkoordination der mehrfachbehinderten Teilnehmer, da die Sportart Judo hohe Anforderungen an dieses Merkmal stellt. Weiterhin wurde die Gleichgewichtsregulation, die Reaktionsschnelligkeit und die Feinmotorik mit spezifischen Diagnoseinstrumenten überprüft.

Die Ermittlung des Merkmals 'Gesamtkörperkoordination' geschah mittels des Körperkoordinationstests für Kinder (KTK); dieser lässt auch differenzierte Aussagen für behinderte Jugendliche über 14 Jahre zu. Sämtliche Ausgangswerte wurden im Oktober/November 1994 erhoben, in der Feldstudie wurden im halbjährlichen Abstand die Wiederholungstests durchgeführt.

Die Ergebnisse des ersten Körperkoordinationstests von Oktober 1994 zeigten, dass sowohl in der Trainings- als auch in der Kontrollgruppe 79% der Jugendlichen koordinativ gestört oder auffällig waren. Dieses Ergebnis steht in engem Zusammenhang mit der 'beeinträchtigten' Motorik aufgrund der mentalen Retardierung der Teilnehmer. In Abbildung 1 wird dieses Ergebnis im Vergleich zur der Normalpopulation Gleichaltriger dargestellt, bei der diese prozentualen Anteile 'auffällig' bzw. 'gestört' lediglich zusammengerechnet 16% betragen.

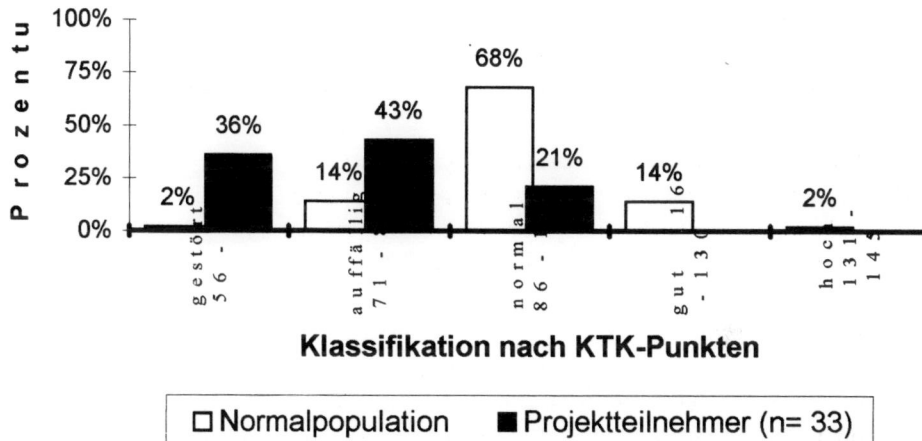

Abbildung 1: Klassifikation der motorischen Leistung im Eingangs-KTK-Test (Oktober 1994) für die Teilnehmer des Sportprojektes (Klassifikationseinteilung aufgrund der Normtabelle für Lernbehinderte nach SCHILLING und KIPHARD 1974)

Inferenzstatistisch wurde eine Varianzanalyse mit Messwertwiederholung durchgeführt: Es zeigten sich keine signifikanten Unterschiede zwischen den Daten der Mittelwerte der beiden Gruppen (Gruppe als Faktor). Die Mittelwerte der Trainings- und Kontrollgruppe stimmen zu dem Zeitpunkt des Eingangstest gut überein, insofern kann davon ausgegangen werden, dass die beiden Gruppen verglichen werden können. Die Varianzanalyse der KTK-Ergebnisse ergab für den Faktor 'Testzeitpunkt' einen hoch signifikanten Effekt ($p < 0{,}001$) für den Gesamtmotorquotienten, der als Maß für die Körperkoordination gilt. Dies bedeutet, dass sich die koordinativen Fähigkeiten in der Gesamtgruppe steigerten. Die signifikante Interaktion ($p < 0{,}05$) aus Gruppe und Zeitpunkt verdeutlicht jedoch, dass die koordinativen Verbesserungen der Trainingsgruppe und damit der Trainingseffekt signifikant größer als die Verbesserungen der Kontrollgruppe waren, die durch einen Lern- oder Praxiseffekt erklärt werden können. Abbildung 2 verdeutlicht dieses Hauptergebnis der empirischen Untersuchung bezüglich der Gesamtkörperkoordination grafisch.

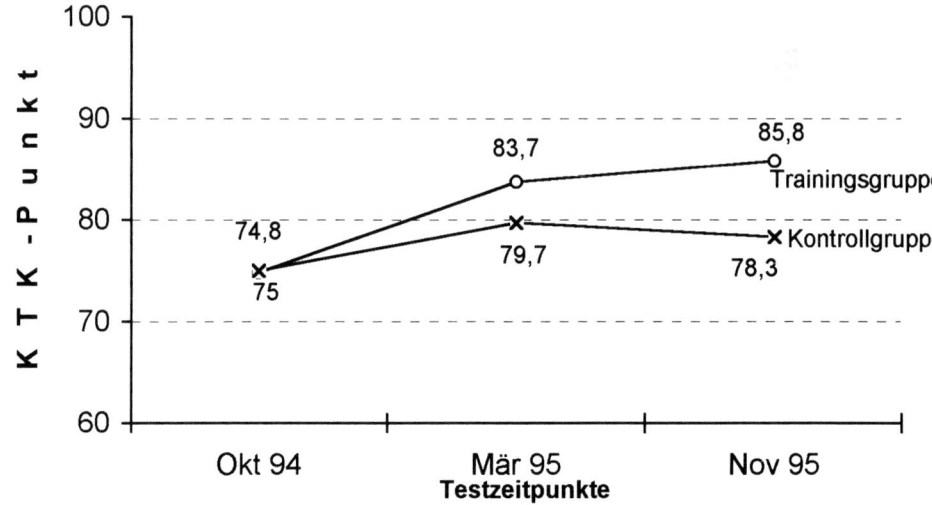

Abbildung 2: Interaktionsdiagramm für die abhängige Variable 'Gesamtmotor quotient' (GMQ) für die Trainingsgruppe (n = 14) und die Kontrollgruppe (n = 19)
GMQ: Normierter Gesamtmotorquotient, bezogen auf die Normtabelle für Lernbehinderte
Interaktion aus Gruppe und Testzeitpunkt: $p < 0,05$

Der Wilcoxon-Test bestätigte empirisch den langfristigen Effekt des Judotrainings, da die Veränderungen der KTK-Ergebnisse in der Kontrollgruppe im ausgewerteten Untersuchungszeitraum (10/94-11/95) nicht signifikant, während sie für die Trainingsgruppe sehr signifikant waren ($p < 0,01$). Aufgrund des Untersuchungsaufbaus konnte gefolgert werden, dass die beachtlichen koordinativen Verbesserungen der Trainingsgruppe eindeutig auf das Judotraining zurückzuführen waren.

Die Ergebnisse der differenzierten Untersuchungen zu Veränderungen weiterer motorischer Merkmale (Standfestigkeit, Reaktionsfähigkeit und Feinmotorik) weisen Trends in der Hinsicht auf, dass auch bei diesen Merkmalen das regelmäßige Judotraining positive Effekte zeigte.

Vermutete psycho-soziale Auswirkungen des regelmäßigen Judotrainings wurden mittels einer Fragebogenerhebung mit dem Judotrainer und dem das Sportprojekt begleitenden Arzt näher beleuchtet. Bei den Teilnehmern schied eine Fragebogenuntersuchung aufgrund der kognitiven Einschränkungen aus (nicht oder kaum lesen und schreiben können). Laut den Einschätzungen des Trainers und des Arztes erfuhren die mehrfachbehinderten Judokas in den Trainingsstunden Erfolgserlebnisse und konnten ihr Können bei öffentlichen Auftritten und den Gürtelprüfungen demonstrieren. Im Laufe dieser Zeit entwickelte sich ein Gruppengefühl, welches dazu beitrug, dass alle Jugendlichen in die Judogruppe gut integriert wurden. Weiterhin stellte das Judotraining für die Teilnehmer eine Bereicherung der Freizeitgestaltung dar, wie es sich in ihrer regelmäßigen und engagierten Beteiligung über einen langen Zeitraum demonstrierte. In diesem Sinne war eine Bindung an den organisierten Sport erfolgt. Den Jugendlichen war ihre persönliche körperliche Leistungsfähigkeit bewusst geworden und sie konnten Leistungsfortschritte erkennen. Mit zunehmender Beherrschung der umfangreichen Fallschule zeigte sich eine Verringerung der Angst vor dem Fallen. Diese eingeschätzten psycho-sozialen Veränderungen wurden in Gesprächen mit den Jugendlichen bestätigt; eine genauere qualitative Sozialforschung mittels fokussierter Interviews ist geplant.

Der Verlauf des Sportprojektes verdeutlichte, dass Judo für mehrfachbehinderte Jugendliche, mit der primären Behinderung der mentalen Retardierung und insbesondere auch für epilepsiekranke Jugendliche, ein geeignetes und sinnvolles Bewegungs- und Freizeitsportangebot darstellt. Die Jugendlichen konnten ihrem individuellen Tempo nach in einer Gruppe lernen und erfuhren Erfolgserlebnisse und Bestätigung der eigenen persönlichen Leistung. Gerade der Judosport mit den Etiketten des weißen Anzuges, der verschiedenen Gürtelfarben, des Mattenuntergrundes für gefahrloses Üben, den klaren Regeln und der Achtung vor dem Partner kam den Bedürfnissen der kognitiv eingeschränkten Jugendlichen entgegen. Die eigenen erfahrenen körperlichen Leistungen und die wichtigen Begleitstrukturen motivierten sie, in dieser Sportart zu bleiben. Zwei Judogruppen mit mehrfachbehinderten Jugendlichen trainieren daher weiterhin intensiv in den v. Bodelschwinghschen Anstalten Bethel (Stand: Winter 1997). Das Sportprojekt stellt eine aktivierende und von den Jugendlichen gern angenommene Erweiterung des gesamten Behandlungs- und Rehabilitationssettings dar und demonstriert, dass Judo für mehrfachbehinderte Jugendliche ein ideales Sportangebot darstellt und auch für epilepsiekranke Menschen geeignet ist.

CH. BAUMANN

5.4 Aus der Sicht des Übungsleiters

Beim Vermitteln von Übungen und Techniken mit dem Ziel des Lehrens von Bewegungsfertigkeiten gibt es verschiedene Möglichkeiten. Der Übungsleiter muß sich genau auf die einzelnen Teilnehmer einstellen können.

Dieses Einfühlungsvermögen des Übungsleiters auf jeden einzelnen Teilnehmer ist entscheidend für den Fortschritt, das Ergebnis und die Motivation der Teilnehmer. Die Art der Vermittlung (synthetische oder analytische Lehrmethode) ist immer von der Zielgruppe abhängig. Eine gute Vorbereitung der Unterrichtseinheit muss innerhalb von wenigen Augenblicken umgestellt werden können, wenn der Übungsleiter feststellt, dass die Teilnehmer überfordert sind.

Ich habe im Laufe des Trainings verschiedene Übungs- und Vermittlungsmethoden angewendet. Einige Teilnehmer waren motorisch weniger gestört als andere. Trotzdem habe ich alle Übungen in kleine Spiele oder Vorübungen zerlegt. Bei den Wurftechniken sollten immer erst die Bewegungsabläufe von Uke und erst dann die von Tori geübt werden, weil dadurch sichergestellt ist, dass beide Partner wissen, was sie machen sollen und keine unbekannten Situationen entstehen.

Beim Judo ergibt sich für den Anfänger eine vorgegebene Reihenfolge des Technikerwerbs.

Man fängt immer mit der Fallschule an. Um die Motivation zu fördern, können Bodentechniken (Haltegriffe) eingeschoben werden. Erst wenn die Fallschule ausreichend beherrscht wird, darf mit den Wurftechniken begonnen werden. Der Sicherheitsaspekt steht immer im Vordergrund. Judo formt nicht nur den Körper, es lehrt auch, Verantwortung für andere zu übernehmen.

Beim Judo allgemein, und ganz speziell mit Behinderten, kommt es nicht darauf an, in möglichst kurzer Zeit möglichst viele Techniken und Prüfungen zu schaffen. Aufgrund dieser Tatsache ist es sehr wichtig, den Judoka immer wieder Erfolgserlebnisse zukommen zu lassen. Es wird immer wieder vorkommen, dass gerade geistig behinderte Judoka von einem Training zum anderen alles vergessen haben. Hier ist wieder der Übungsleiter gefragt, der mit seiner Art, das Training zu führen, über viel oder wenig Erfolg beim Judo der Behinderten entscheidet.

Es ist nicht möglich, einen Ablauf für das Training mit Behinderten grundsätzlich festzulegen; zu unterschiedlich sind die Arten der Behinderungen, die Motivation, die allgemeine Stimmungslage sowie andere Komponenten.

Beim Judo gibt es, wie in anderen Sportarten auch, einige Bezeichnungen, die von allen Judoka auf der ganzen Welt verstanden werden. Da Judo aus Japan stammt, haben diese Bezeichnungen natürlich japanische Namen. So werden z.B. die beiden miteinander übenden Partner „Tori" und „Uke" genannt. Tori ist der ausführende; Uke ist der Partner, der sich zum Üben zur Verfügung stellt.

Alle Techniken, unabhängig davon, ob sie im Stand oder im Boden geübt werden, können rechts und links ausgeführt werden. Bei Standtechniken bestimmt immer die Hand am Revers des Partners die Seite.

In den folgenden Beispieltechniken wird von der rechten Fassart ausgegangen. Dabei fassen beide Übende (Tori und Uke) mit der rechten Hand in Brusthöhe das Revers und mit der linken Hand von unten an den rechten Ärmel des Partners.

Beim Judo ist es wichtig, dass man nicht die Technik allein in den Vordergrund stellt. Das Entscheidende beim Judo ist die Bewegung. Hier liegt der Vorteil von Judo im Vergleich zu anderen Sportarten. Judo hat keine festgelegten Übungsvorgaben. Es kommt beim Judo letztendlich nicht auf die Technik an, sondern vielmehr darauf, dass man die Technik aus vielen verschiedenen Bewegungen und Situationen heraus anwenden kann.

am Boden ist es schnell langweilig, wenn man die Technik ohne Bewegung übt. Die Vorteile von Judo sind, dass sich viele Bewegungen situativ ergeben und die Reaktionen der Übenden selbständig und unbewusst erfolgen. Dieses muss man jedoch erst lernen. Der Judounterricht soll hierzu die Möglichkeiten darstellen.

Selbstverständlich muss man die Technik auch separat und in Teilschritte zerlegt üben, um sie aus der Bewegung machen zu können. Es liegt hier am Übungsleiter, wie spielerisch, interessant und abwechslungsreich das Judotraining durchgeführt wird, um bei den Teilnehmern entsprechende Fortschritte zu erreichen. Die Technik sollte isoliert gezeigt werden, damit sie bekannt ist.

Die folgenden Judotechniken sind Grundtechniken ohne Zusammenhang. Das Lehren von Judo muss in entsprechenden Kursen erlernt werden.

Für das Lehren kann Judo in drei Technikgruppen eingeteilt werden:

- Fallschule
- Bodentechniken
- Wurftechniken

Ukemi-Waza   –   Fallschule

**Ushiro Ukemi –
Fallen rückwärts**

Bei der Fallschule rückwärts fällt der Übende auf den Rücken. Der Aufprall wird mit einem gleichzeitigen und beidseitigen Armschlag dicht neben den Körper abgefangen.

Für das Erlernen der Fallschule rückwärts sind folgende Vorübungen empfehlenswert:

- Abschlagen mit beiden Armen neben dem Körper in der Rückenlage.
- Abrollen aus dem Sitz nach hinten.
- Abrollen aus dem Sitz mit beidseitigem Abschlagen der Arme neben dem Körper.

- Abrollen aus der Hocke.

- Abrollen aus der Hocke mit beidseitigem Abschlagen der Arme neben dem Körper.

- Abrollen aus dem Stand durch die flüchtige Hocke mit beidseitigem Abschlagen der Arme neben dem Körper.

Bei allen Formen der Fallschule muss darauf geachtet werden, dass der Kopf nicht die Matte berührt. Zur Hilfestellung sollte das Kinn auf die Brust gedrückt werden.

Yoko-Ukemi – Fallen seitwärts

Bei dieser Fallschule schlägt der Übende nur mit einem Arm ab.

Für das Erlernen der Fallschule seitwärts sind folgende Vorübungen empfehlenswert:

- Seitliche Liegeposition und Abschlagen mit dem der Matte zugewandten gestreckten Arm – Sitzposition mit einem zur Seite gestreckten Bein. Seitlich über das gestreckte Bein umkippen und mit dem der Matte zugewandten gestreckten Arm abschlagen.
- In der Standposition ein Bein außen neben das andere Bein stellen. Mit gekreuzten Beinen in die oben beschriebene Hockposition abknien. Über das gestreckte Bein abkippen und mit dem der Matte zugewandten gestreckten Arm abschlagen.
- Aus der Standposition einen Arm und das zu dieser Seite gehörende Bein gleichzeitig vor den Körper/Bein setzen. Abhocken und zur Seite abrollen. Mit dem der Matte zugewandten Arm abschlagen.

Bei allen Formen der Fallschule muss darauf geachtet werden, dass der Kopf die Matte nicht berührt.
Zur Hilfestellung sollte das Kinn auf die Brust gedrückt werden.

Für alle Übungen gilt grundsätzlich:
Je mehr spielerische Elemente sich der Übungsleiter zum Erlernen einer Technik ausdenkt, desto leichter wird eine Bewegung verstanden und ausgeführt.

Mae-Ukemi –
Fallen vorwärts
Bevor die Judorolle geübt wird, sollten mit anderen Fallübungen Erfahrungen gesammelt worden sein. Die Rolle vorwärts ist eine sehr komplexe Bewegung, die mit möglichst vielen hinführenden Übungen erarbeitet werden sollte.

Für das Erlernen der Fallschule vorwärts sind folgende Übungen empfehlenswert:
- Sitzposition. Der Übende zieht seine Füße an das Gesäß und hält sie mit den Händen fest. Das Kinn zwischen die Knie nehmen. In dieser Haltung nach hinten kippen und schaukeln.

- Vierfüßlerstand. Mit einem Arm diagonal zwischen den Beinen durchgreifen. Die rechte Hand greift den linken Fuß oder die linke Hand greift den rechten Fuß. Die Schulter auf die Matte bringen. Der Übungsleiter führt die Rollbewegung über die Schulter.

- Vierfüßlerstand. Ein Knie ist angehoben. Die gegenüberliegende Hand greift diagonal zum Fuß. Schulter auf die Matte setzen. Der Übungsleiter hebt das gestreckte Bein an, sodass der Übende über die abgesenkte Schulter rollen kann.

- Standposition. Ein Schritt vorwärts. Abbeugen, bis beide Hände auf der Matte sind. Die Hand, auf deren Seite der Fuß vorgestellt ist, wird mit der Handaußenkante aufgesetzt. Die andere Hand wird flach auf die Matte gebracht. Der Kopf wird so gedreht, dass der hintere Fuß gesehen werden kann. Der Übungsleiter hebt das hintere Bein des Übenden etwas an, um dem Übenden die Rolle über den vorderen Arm zu ermöglichen. Der Arm, über den gerollt wird, ist leicht gebeugt und darf während der Rollbewegung nicht einknicken. Mit dem Stützarm wird abgeschlagen. Die Endposition ist die Gleiche wie bei der Fallschule seitwärts.

Folgende Vorübung kann der Übungsleiter für die Rolle durchführen:

Der Übungsleiter ist im Vierfüßlerstand. Der Übende legt sich quer auf seinen Rücken. Der Übende streckt den Arm, der auf der Hüftseite des Übungsleiters liegt, weit unter dem Übungsleiter durch. Der Übungsleiter umfasst mit seinem Arm den Nacken des Übenden und zieht ihn unter sich.

Alle Übungen der Fallschule müssen mit aktiver Hilfestellung des Übungsleiters durchgeführt werden.

Kesa-Gatame – Schärpe
Gruppe: Osae-Waza
Prinzip: Neben dem Partner auf der Seite sitzend halten.

Der Partner liegt auf dem Rücken. Tori sitzt links neben Uke. Die linke Hand greift den Ärmel oberhalb des Ellbogens. Der rechte Unterarm von Uke wird unter den linken Arm von Tori geklemmt. Das Handgelenk wird in der linken Achselhöhle so festgelegt, dass Uke seine Hand nicht herausziehen kann. Die rechte Hand wird unter den Kopf von Uke gelegt. Die Beine werden gebeugt, wobei das rechte Bein nach vorn und das linke Bein nach hinten gerichtet ist.

Tate-Shiho-Gatame – Reitvierer
Gruppe: Osae-Waza
Prinzip: Über dem Partner liegend oder kniend halten.

Der Partner liegt auf dem Rücken. Tori setzt sich rittlings zum Kopf hinschauend über Uke. Tori beugt sich nach vorn und schiebt die rechte Hand unter dem Kopf von Uke durch. Die rechte Hand greift den eigenen Kragen. Die linke Hand wird schräg seitlich zum Abstützen neben den Kopf von Uke abgesetzt.

Yoko-Shiho-Gatame – Seitvierer

Gruppe: Osae-Waza
Prinzip: Seitlich neben dem Partner liegend oder kniend halten.

Der Partner liegt auf dem Rücken. Tori befindet sich rechts neben Uke. Die rechte Hand wird von oben zwischen den Beinen von Uke hindurchgeschoben und ergreift den Gürtel oder die Jacke. Die linke Hand wird über Ukes rechte Schulter hinweg in dessen Nacken geschoben und greift den Kragen. Das rechte Knie wird eng an die rechte Hüfte von Uke gebracht und das linke Knie in die Nähe seiner rechten Achselhöhle. Die Hüften und der Kopf werden gesenkt, der Oberkörper gestrafft und mit der Brust wird Uke belastet. Als Variante können die Beine auch gestreckt werden.

Kami-Shiho-Gatame – Oberer Vierer

Gruppe: Osae-Waza
Prinzip: Hinter dem Partner auf dem Bauch liegend oder kniend halten.

Der Partner liegt auf dem Rücken. Tori führt beide Arme von außen unter den Armen von Uke durch und greift in den Gürtel von Uke. Die Knie werden rechts und links neben Ukes Kopf gesetzt. Die Hüfte muss tief gehalten werden. Der Kopf von Tori wird auf dem Bauch von Uke seitlich abgelegt. Die Ellbogen werden fest an den Körper von Uke gepresst und fixieren so Ukes Oberkörper. Als Variante können die Beine auch gestreckt werden.

Beschreibung und methodische Hinweise einiger Judotechniken

O-Goshi – Großer Hüftwurf
Gruppe: Koshi-Waza – Hüftwürfe

Beide Partner haben rechts gefasst. Tori löst den Griff seiner rechten Hand und legt sie bei Uke unter dem linken Arm durch auf Ukes Rücken. Tori dreht sich dabei, sodass er fast genau vor Uke steht.

Tori geht etwas in die Knie und zieht Uke mit beiden Armen auf seine rechte Hüfte.

Beim Strecken von Toris Beinen wird Uke ausgehoben und kippt über die rechte Hüfte von Tori.

Übungsbeschreibung	Didaktisch-methodischer Kommentar
Tori trägt Uke als „Mehlsack" über die Matte.	Das Mehlsacktragen ermöglicht eine freie Form der Ausführung, wobei gute Möglichkeiten vorgestellt werden können.
Tori trägt Uke auf der Hüfte über die Matte.	Tori soll immer darauf achten, im Gleichgewicht zu sein.
Tori legt eine Hand auf Ukes Rücken und trägt Uke über die Matte.	
Tori legt den „Mehlsack" ab, ohne ihn platzen zu lassen.	Uke soll die gleiche Endposition wie beim Fallen seitwärts erreichen. Tori hilft und korrigiert, falls nötig.

Anwendung des O-Goshi

Die Partner gehen nebeneinander. Tori geht links von Uke. Uke legt seine linke Hand auf Toris linke Schulter. Tori fasst mit links Ukes rechten Arm, legt seine rechte Hand auf Ukes Rücken, schiebt seine Hüfte nach rechts und wirft Uke über die Hüfte ab.	Der Wurf wird als Kumpelspiel und zunächst ohne Eindrehen ausgeführt. Wichtig: Tori muss Ukes rechten Arm fest fassen, damit Uke ohne Risiko auf die Seite fallen kann. Tori ist für das Fallen von Uke verantwortlich.
Tori zieht Uke nach rechts in eine Kreisbewegung. Sobald Tori stehen bleibt, läuft Uke auf Toris Rücken und wird geworfen.	Im Vordergrund steht die Koordination und die Kooperation mit dem Partner. Tori darf sein Gleichgewicht nicht verlieren. Uke soll mitspielen.

Zielperspektiven des O-Goshi
- Ausführen der Fallrolle vorwärts bis zum Kniestand.
- Koordinieren von Bewegungen mit dem Partner.
- Halten des Gleichgewichtes bei Partnerübungen.
- Ausführen der Wurftechnik aus der Kreisbewegung.
- Sichern der partnerschaftlichen Fallübung.
- Verbessern der Kooperation mit dem Partner.
- Stärken des Gemeinschaftserlebnisses.

Koshi-Guruma – Hüftrad
Gruppe: Koshi-Waza – Hüftwürfe

Beide Partner haben rechts gefasst. Tori lässt die rechte Hand los und legt sie um Ukes Hals. Dann dreht sich Tori so weit vor Uke, dass die rechte Hüfte an Ukes rechter Hüfte vorbeigeschoben wird.

Mit dem rechten Arm wird Uke fest an den Körper von Tori herangezogen. Durch eine schwungvolle Rumpfdrehung von Tori wird Uke über Toris Hüfte geworfen.

Vorübungen zum Koshi-Guruma

Tori und Uke stehen sich gegenüber. Uke kniet rechts ab. Tori fasst Uke mit der linken Hand an Toris rechten Unterarm und mit der rechten Hand um den Kopf. Durch eine Drehbewegung von Tori nach links wird Uke in eine Fallübung seitwärts gezwungen. Die rechte Hand von Tori schützt den Kopf von Uke vor dem Aufprall auf die Matte.	Das Werfen aus dem einseitigen Kniestand mit Sicherheitsaspekt ist eine Übung mit reduzierter Fallhöhe. Tori führt Uke kontrolliert in die Bodenlage und übernimmt dabei die Verantwortung für den Fall des Partners und korrigiert die Endposition.
Tori und Uke stehen sich gegenüber und fassen sich in der rechten Fassart. Uke geht um Tori herum, bis er hinter Tori steht. Tori bleibt stehen, löst die rechte Hand und nimmt Uke in den „Schwitzkasten". Tori beugt die Knie, hebt Uke aus und legt ihn nach vorn ab.	Tori achtet auf die Erhaltung des Gleichgewichtes während der Wurfausführung.

Zielperspektiven des Koshi-Guruma
- Vertiefen der Falltechnik seitwärts aus der Hocke.
- Weiterführen der Falltechnik seitwärts aus dem Stand.
- Halten des Gleichgewichtes während der Wurfausführung.
- Entwickeln von Verantwortungsbewusstsein für den Fall des Partners.
- Eingehen auf körperlich unterlegene Partner.
- Akzeptieren von Korrekturen des Partners.

O-Soto-Gari – Große Außensichel
Gruppe Ashi-Waza – Fußwürfe

Beide Partner haben rechts gefasst. Tori macht mit dem linken Fuß einen großen Schritt hinter die Linie, die Ukes Füße bilden. Die rechte Schulter und der rechte Arm von Tori drücken Uke nach rechts hinten, sodass Uke sein Gewicht auf dem rechten Fuß hat.

Die linke Hand zieht den Ellbogen von Uke nach unten. Das rechte Bein von Tori wird zwischen Uke und Tori nach vorn gebracht. Dann schwingt Tori das Bein kräftig zwischen Ukes Beinen zurück.

Zur Stabilisierung von Toris Gleichgewicht beugt Tori seinen Oberkörper nach vorn, wenn das Bein nach hinten angehoben wird.

Übungsbeschreibung	Didaktisch-methodischer Kommentar
Beide Partner hakeln sich mit dem rechten Bein ein und versuchen so, sich gegenseitig aus dem Gleichgewicht zu bringen.	Beinhakeln enthält bereits wesentliche Merkmale der später zu erlernenden Judotechnik, wie z.B. den Erhalt des Gleichgewichtes und das Ausführen der Sichelbewegung.

Tori führt Uke rückwärts, wobei Tori mit der rechten Hand auf die linke Schulter von Uke fasst. Auf Druck der rechten Hand von Tori setzt sich Uke aus der Rückwärtsbewegung auf das Gesäß.	Uke darf in dieser Phase noch nicht fallen. Tori muss bei dieser Aktion sein eigenes Gleichgewicht erhalten, um den späteren Fall von Uke kontrollieren zu können.
Tori fasst mit der rechten Hand das linke Revers von Uke. Tori muss sein rechtes Knie an den linken Oberschenkel von Uke bringen. Nach erfolgtem Kontakt setzt Uke sich mit dem Gesäß auf die Matte.	Um mit dem Knie Kontakt aufnehmen zu können, muss Tori seine Bewegungen beschleunigen. Gleichzeitig bringt er sich durch den hohen Kniekontakt in eine instabile Position. Er muss sein Gleichgewicht jedoch halten oder wieder herstellen.
Zwei Partner stehen sich mit leicht gegrätschten Beinen gegenüber. Ein Dritter steht in der Mitte. Er hüpft auf seinem linken Bein abwechselnd zu seinen Partnern und führt die Sichelbewegung zum O-Soto-Gari aus.	Diese Spielform dient der Festigung der Bewegung. Zunächst sollte die Technik nur angesetzt werden, später kann dann die Ausführung (Wurf) erfolgen. Dabei sollte Uke seinen Widerstand entsprechend dosieren.

Zielperspektiven des O-Soto-Gari
- Kontrolle des Gleichgewichtes beim Stehen auf einem Bein.
- Kontrolle des Gleichgewichtes bei Bewegungen auf einem Bein.
- Weiterführen des Fallens aus der Hocke und aus dem Stand.
- Einüben einer koordinierten Zusammenarbeit mit Partnern.
- Übernehmen der Verantwortung für den Fall des Partners.
- Dosieren des partnerangemessenen Widerstandes bei der Wurfausführung.

De-Ashi-Barai – Fußfegen
Gruppe: Ashi-Waza – Fußwürfe

Beide Partner haben rechts gefasst. Tori macht rechts einen Schritt rückwärts und zieht Uke nach vorne. Uke geht links vor. Wenn Uke mit rechts seinen nächsten Schritt vorwärts macht, führt Tori mit seiner linken Fußsohle den rechten Fuß von Uke in der Luft zur Seite, sodass Uke seinen Fuß nicht aufsetzen kann. Mit den Armen kippt Tori den Oberkörper von Uke nach links und wirft Uke.

Übungsbeschreibung	Didaktisch-methodische Hinweise
Alle Teilnehmer stellen sich auf ein Bein und versuchen, das Gleichgewicht zu halten.	Auf einem Bein hüpfen, um das Gleichgewicht zu halten, sollte zunehmend verringert werden.
Mit dem angehobenen Bein vorwärts, rückwärts, rechts und links pendeln.	Das Gleichgewicht sollte trotz der Bewegung stabil gehalten werden.
Vor dem Partner stehen. Ein Partner pendelt mit dem Fuß vor und zurück. Der andere versucht, den vorkommenden Fuß mit dem eigenen Fuß leicht zu berühren.	Die Intensität des treffenden Fußes darf nicht zu groß sein. Den Partner berühren und nicht treten, ist das Ziel.
Beide Partner haben sich rechts gefasst. Tori drückt den Arm von Uke nach innen. Wenn Uke mit dem rechten Fuß vorpendelt, fegt Tori den Fuß von außen weg.	Tori soll den Fall von Uke kontrollieren. Uke soll Tori die Möglichkeit geben, den Fuß zu treffen. Nicht wegziehen.

Zielperspektiven des De-Ashi-Barai
- Stehen auf einem Bein erlernen.
- Koordination von Bewegungen mit dem Partner erlernen.
- Partnerschaftliches Üben lernen.
- Verbessern der Kooperation mit dem Partner.
- Halten des Gleichgewichtes bei Partnerübungen.

R. ARING

6 Struktur einer Übungsleiterausbildung

6.1 Grundsätzliches

Judo der Behinderten als selbst gestaltetes und selbst verantwortetes Sportangebot verlangt einen spezifisch ausgebildeten, gut qualifizierten und erfahrenen Übungsleiter. Er muss in der Lage sein, judospezifische Bewegungsangebote nach den Bedürfnissen behinderter Menschen zu planen, durchzuführen und auszuwerten. Die hier konzipierte Übungsleiterausbildung baut primär auf der Fach-Übungsleiterausbildung Judo des Nordrhein-Westfälischen Judo-Verbandes oder auf der Fachübungsleiterausbildung des Behindertensportverbandes Nordrhein-Westfalen auf.

6.2 Organisation und Durchführung

Die Lehrgänge und Prüfungen werden zentral auf Landesebene durchgeführt. Sie werden getragen vom Behindertensportverband Nordrhein-Westfalen.
　Die Ausbildung erfolgt in Kooperation mit dem Nordrhein-Westfälischen Judo-Verband. Die Ausbildung umfasst 80 Unterrichtseinheiten und kann in Form

- von zwei Wochenlehrgängen (montags – freitags = 40 UE)
- von vier Wochenendlehrgängen (freitags – sonntags = 20 UE)
- von acht Tageslehrgängen (samstags = 10 UE)

durchgeführt werden. Die Teilnehmerzahl sollte mindestens zehn und höchstens 24 Auszubildende betragen.

6.3 Zielsetzung

Die Übungsleiterausbildung „Judo der Behinderten" soll Übungsleiter qualifizieren, Judo als spezifisches Bewegungsangebot für Menschen mit Behinderung zu planen, durchzuführen und auszuwerten. Die Teilnehmer sollen spezifische Kenntnisse, Fähigkeiten und Fertigkeiten im Behindertensport, speziell im Bewegungsangebot Judo für Behinderte, erwerben, um mittels adäquater Trainingsprozesse auf Art und Schwere der Behinderung eingehen zu können. Diese Zielsetzung setzt Kenntnisse organisatorischer Voraussetzungen und Bedingungen des Judo- und Behindertensports voraus, um diese in behindertengerechte Bewegungsangebote umzusetzen. Die Ausbildungsinhalte sind so aufgebaut, dass die angehenden Übungsleiter sich die notwendigen Kenntnisse, Fähigkeiten und Fertigkeiten erarbeiten, die ihre volle Handlungsfähigkeit begründen. Dazu gehört auch der Aufbau bzw. die Gründung von Judogruppen mit behinderten Menschen.

6.4 Inhaltliche Struktur

Die Ausbildung umfasst, einschließlich Prüfung, 80 Unterrichtseinheiten (UE) zu jeweils 45 Minuten. Diese und die Prüfung sollen innerhalb von zwölf Monaten abgeschlossen sein. Die Inhalte der praktischen und theoretischen Ausbildung sind in sieben Ausbildungsbereiche gegliedert, denen folgende Inhalte zugeordnet werden:

- Behindertenspezifische Grundlagen
- Psychomotorische Bewegungsangebote
- Diagnostische Möglichkeiten
- Medizinische Grundlagen
- Behindertenspezifische Methoden
- Didaktische Grundlagen
- Spezifische Judoangebote
- Rechtliche Grundlagen

6.5 Prüfung

Das erfolgreiche Bestehen der Prüfung gilt als Nachweis der Lehr- und Tätigkeitsbefähigung als Übungsleiter für „Judo der Behinderten". Die Modalitäten der Leistungskontrolle werden von der zuständigen Lehrgangsleitung festgelegt. Dabei handelt es sich um

- Teilnahme am gesamten Lehrgang, Fehlzeiten sind nicht zulässig.
- Aktive Mitarbeit in der Sportpraxis und bei themenbezogenen Diskussionen.
- Erstellung von Protokollen, Berichten, Aufsätzen.
- Aktive Teilnahme an Gruppenarbeiten mit schriftlichen Unterlagen.
- Erarbeitung und Durchführung von praktischen Übungen in Einzel-/Gruppenarbeit.
- Teilnahme an Projektarbeiten und Rollenspielen.
- Beantwortung von Fragebögen.
- Teilnahme an Fachgesprächen in Gruppen oder einzeln.
- Hospitation in Behindertengruppen.

6.6 Fortbildungen

Für lizensierte Übungsleiter „Judo der Behinderten" sind regelmäßige Fortbildungen unerlässlich. Es wird empfohlen, möglichst einmal im Jahr eine entsprechende Fortbildungsveranstaltung zu besuchen.

6.7 Themenbereiche der Ausbildung

6.7.1 Organisation des Lehrgangs

- Lehrgangseinführung
- Kennenlernen, Vorstellung von Fachliteratur
- Handlungsorientierter Vermittlungsansatz
- Hinweise zur Prüfungsgestaltung

6.7.2 Geistige Behinderung

- Grundlagen der Behindertenpädagogik
- Behinderten-Judo in Nordrhein-Westfalen
- Exemplarische Erarbeitung einer spezifischen „Behinderung"
- Kennenlernen von Menschen mit geistiger Behinderung
- Planung von Bewegungsangeboten für Menschen mit geistiger Behinderung
- Sportmedizinische Grundlagen der Neurologie
- Ziele des Judo mit Menschen mit geistiger Behinderung

6.7.3 Judospezifische Inhalte

- Induktive Einführung der Judohaltetechniken
- Judospielen in der Bodenlage
- Methodische Reihen zur Einführung von Fußwurftechniken
- Kyu-Prüfungen für Behinderte
- Möglichkeiten der Übungsform KATA
- Judo als integratives Bewegungsangebot

- Methodische Einführung der Judoeindrehtechniken
- Judo als Breiten- und Freizeitsport
- Judomatten als Bewegungslandschaft

6.7.4 Behindertenspezifische (Judo-) Methoden

- Entspannungsübungen auf der Judomatte
- Partner- und Gruppenmassage
- Spezifische induktive und deduktive Verfahren
- Spielmethoden
- Individualisierung und Differenzierung
- Entwicklungen eigener Lernwege

6.7.5 Psychomotorische Förderung

- Kenntnisse der Motopädagogik/Psychomotorik
- Judo unter motopädagogischen Aspekten
- Ganzheitlicher Judoansatz
- Circuit-Training zur koordinativen Förderung

6.7.6 Rehabilitationsspport

- Kenntnisse der Gesamtvereinbarung
- Bedeutung der ärztlichen Kontrolle/Überwachung
- Auswahl geeigneter Bewegungsangebote unter Berücksichtigung der Gesamtvereinbarung
- Qualifikationsanforderungen an den Übungsleiter

6.7.7 Förderdiagnostik

- Diagnostische Möglichkeiten im Behinderten-Judo
- Teilnehmerbefragung
- Ärztliche Befragung
- Verhaltensbeobachtung, informelle Tests
- Standardisierte Testverfahren

6.7.8 Didaktik

- Planungskompetenz
- Bedingungen – Entscheidungen – Aufbau einer Stunde
- Durchführungskompetenz
- Stundenphasen, Rhythmisierung, Kontrollen
- Reflexionskompetenz
- Analysemethoden, Beobachtung, Gesprächsführung
- Gemeinsame Vorbereitung von Lehrübungen
- Durchführung von Lehrübungen mit Behinderten

W. JANKO, J. DAHLMANNS

7 Anhang

7.1 Adressen der Bundes- und Landesverbände des Deutschen Judo-Bundes

Deutscher Judo-Bund
Otto-Fleck-Schneise 12
60528 Frankfurt

Badischer Judo-Verband
Marienstr. 63
76137 Karlsruhe

Bayerischer Judo-Verband
G.-Brauchle-Ring 93
80992 München

Judo-Verband Berlin
Ruhlaerstr. 10
14199 Berlin

Brandenburgischer Judo-Verband
Granseerstr. 10-11
16835 Lindow

Bremer Judo-Verband
Mühlenburgstr. 20
28207 Bremen

Hamburger Judo-Verband
Holstenring 10
22763 Hamburg

Hessischer Judo-Verband
Im Fiedlersee 14
64291 Darmstadt

Judo-Verband Mecklenburg-Vorpommern
Lomonossowstr. 8
19063 Schwerin

Niedersächsischer Judo-Verband
Postfach 1234
Bad Nenndorf

Nordrhein-Westfälischer Judo-Verband
Friedrich-Alfred-Str. 25
47055 Duisburg

Judo-Verband Pfalz
Hauptstr. 68
67305 Ramsen

Judo-Verband Rheinland
Kaiser-Heinrich-Str. 49
56220 Urmitz

Saarländischer Judo-Verband
Sonnenhang 3
66679 Losheim-Scheiden

Judo-Verband Sachsen
Marschnerstr. 29
04109 Leipzig

Judo-Verband Sachsen-Anhalt
Hermann-Matern-Str. 9
06366 Köthen

Judo-Verband Schleswig-Holstein
Dr.-Julius-Leber-Str. 23
23564 Lübeck

Thüringer Judo-Verband
Goethestr. 26
99096 Erfurt

Württembergischer Judo-Verband
Hermann-Hess-Str. 8
71332 Waiblingen

7.2 Adressen der Bundes- und Landesverbände des Deutschen Behinderten-Sportverbandes

Deutscher Behinderten-Sportverband
Friedrich-Alfred-Str. 10
47055 Duisburg

Badischer Behinderten-Sportverband e.V.
Hauptstr. 32
76549 Huegelsheim

Bayerischer Behinderten-Sportverband e.V.
Kapuzinerstr. 25a
80337 München

Berliner Behinderten-Sportverband e.V.
Hanns-Braun-Str. / Friesenhaus
14053 Berlin

Brandenburgischer Behinderten-Sportverband e.V.
Am Priorgraben 53
03048 Cottbus

Bremer Behinderten-Sportverband e.V.
Selsingerstr. 17
28237 Bremen

Hessischer Behinderten-Sportverband e.V.
Mierendorffstr. 4
36037 Fulda

Behinderten-Sportverband Mecklenburg-Vorpommern e.V.
Henrik-Ibsen-Str. 20
18106 Rostock

Behinderten-Sportverband Niedersachsen e.V.
Maschstr. 18
30169 Hannover

Behinderten-Sportverband Nordrhein-Westfalen e.V.
Friedrich-Alfred-Str. 10
47055 Duisburg

Behinderten-Sportverband Rheinland-Pfalz e.V.
Rheinau 10
56075 Koblenz

Saarländischer Behinderten-Sportverband e.V.
Im Stadtwald/Geb. 54
66123 Saarbrücken

Saechsischer Behinderten-Sportverband e.V.
Friedrich-Ebert-Str. 130
04105 Leipzig

Behinderten-Sportverband Schleswig-Holstein e.V.
Moltkestr. 25
24837 Schleswig

Behinderten-Sportverband Thüringen e.V.
Arndtstr. 5
99096 Erfurt

Versehrten-Sportverband Württemberg e.V.
Postfach 301202
70452 Stuttgart

7.3 Adressen fachkundiger Einrichtungen

Rehabilitationszentrum für Kinder und Jugendliche
Dr. Christian Lipinski
Im Spitzerfeld 25
69151 Neckargemünd
Tel.: 06223 / 892278
Fax: 06223 / 892122

Epilepsiezentrum Kork
Dr. Peter Burkart
Landstr. 1
77694 Kehl-Kork
Tel.: 07851 / 84-0
Fax: 07851 / 84200

v. Bodelschwinghsche Anstalten Bethel
Bewegungs- und Sporttherapeutischer Dienst
Dr. Lutz Worms
Karl-Siebold-Weg 7
33617 Bielefeld
Tel.: 0521 / 144-4639
Fax: 0521 / 144-4044

7.4 Literatur und Videomaterial

1. Broschüren, Bücher, Diplom- und Examensarbeiten

ALTRUP, U./SPECHT, U.: Informationstafel Epilepsie. Wehr 1995[2].

AMIRPOUR, K.: Judo als Rehabilitationssport für bewegungsgestörte Kinder und Jugendliche. (Rehabilitationsverlag GmbH) Bonn 1985.

BAUMANN, C.: Judo mit mehrfachbehinderten Jugendlichen. Entwicklung der Grundlagen für eine theoretisch und empirisch fundierte Konzeption eines Sportprojektes in den v. Bodelschwinghschen Anstalten Bethel. Unveröffentl. Diplomarbeit der Universität Bielefeld, Fakultät für Psychologie und Sportwissenschaft. Bielefeld 1996.

BAUMANN, C. : Judo für alle – Judotraining im Rahmen der Rehabilitation mehrfachbehinderter Menschen. In: handicap – Das Magazin für Lebensfreude, 4 (1997), S. 14-16 (Vorstellung eines Sportprojektes und Zusammenfassung der Ergebnisse der sportwiss. Diplomarbeit, Univ. Bielefeld 1996).

BAUMANN, C./ Koring, W./ May, T./ Worms, L./ Aring, R. : Judo mit Mehrfachbehinderten. In: WEISS, M./LIESEN, H. (Hrsg.): Rehabilitation durch Sport – 1. Internationaler Kongress des Deutschen Behinderten-Sportverbandes 1995. Marburg 1997, S. 126-129.

Behinderte machen Sport (Zeitschrift des BSNW): 6,6 Millionen Schwerbehinderte in Deutschland. Statistisches Bundesamt 1997. In: BmS 3 (1998) 10, 159

BEHINDERTEN-SPORTVERBAND NORDRHEIN-WESTFALEN: Gesamtvereinbarung über den ambulanten Behindertensport. Duisburg 1981.

BEHINDERTEN-SPORTVERBAND NORDRHEIN-WESTFALEN (Hrsg.): Info Judo, Informationsschrift des Behinderten-Sportverbandes Nordrhein-Westfalen e.V. Duisburg 1993.

BEHINDERTEN-SPORTVERBAND NORDRHEIN-WESTFALEN: Überarbeitung der Gesamtvereinbarung über den ambulanten Behindertensport, Gültigkeit ab 01.01.1994. Duisburg 1994.

BEHINDERTEN-SPORTVERBAND NORDRHEIN-WESTFALEN: Lehrgangsplan 1996. Duisburg 1995.

BERND-SCHMIDT, Karin u.a.: Sonderpädagogischer Förderbedarf, Förderbereich, Förderschwerpunkte. In: Zeitschrift für Heilpädagogik 7 (1995)

BONFRANCHI, R.: Judo mit Lern- bzw. Geistigbehinderten. In: Praxis der Psychomotorik (1979) 4, S. 96-101.

BUNDESARBEITSGEMEINSCHAFT FÜR REHABILITATION: Die Rehabilitation Behinderter – Wegweiser für Ärzte. Köln 1984.

BUNDESARBEITSGEMEINSCHAFT FÜR REHABILITATION: Gesamtvereinbarung über den Rehabilitationssport und das Funktionstraining. Köln 1993.

BUNDESMINISTER DES INNERN (Hrsg.): Förderung des Behindertensports. In: Siebter Sportbericht der Bundesregierung. Bonn 1991, S. 121-129; 174-175; 262-264.

DEUTSCHE BEHINDERTEN SPORTJUGEND: Behinderte Kinder und Jugendliche im Sport. Duisburg 1993.

GÖSSING, S.: Einführung in die Sportdidaktik. Bad Homburg 1983.

GÖSSLING, V.: Förderung der Körperkoordination geistig behinderter Schüler durch Judo im Sportunterricht, dargestellt am Beispiel eines eigenen Unterrichtsprojekts und anhand projektbegleitender motometrischer Tests. Unveröffentlichte Examensarbeit, Universität Bochum 1990.

GÖSSLING, V./ ZIMMER, K./ DE MAREES, H.: Förderung der Körperkoordination geistig behinderter Schüler durch Judo im Schulsport. In: Deutsche Zeitschrift für Sportmedizin 45 (1994) Heft 3, S. 104-114 (Darstellung einer Schulsportstudie und Zusammenfassung der sportwiss. Diplomarbeit, Universität Bochum 1990).

GRUNDMANN, M.: Die Niederlage ist ein Sieg. Düsseldorf 1983.

HARTMANN, H./GRAF, W. : Judo – Technik , Methodik, Geist. Schorndorf 1986.

HEISS, F.: Sportmedizinisches Gutachten – Ist Judo eine besonders gefährliche Sportart? Kann deshalb ein Arbeitgeber die Lohnfortzahlung verweigern? In: Sportarzt und Sportmedizin 23 (1972) 11, S. 287-290.

HERRIGEL, E.: Der Zen Weg. München 1958.

HESSLER, A.: Judo und Epilepsie – Ich muss nicht, ich kann auch fallen. In: WERLE, J.: Bewegung, Sport und Epilepsie. Heidelberger Schriftenreihe zur Sportwissenschaft. Band 4. Heidelberg 1994, S. 56-58.

HIRTZ, P.: Struktur und Entwicklung koordinativer Leistungsvoraussetzungen bei Schulkindern. in: Theorie und Praxis der Körperkultur 7 (1997), S. 503-510.

HOFMANN, W.: Die Budo-Praktiken – eine Untersuchung über die japanischeen Kampfsportarten. in : Judo 8 (1968), S. 24-27.

HOFMANN, W.: Judo. Niederhausen 1978.

INNENMOSER, J./ JANKO, W./ VÖGTLE, H.-J.: Judo als Rehasport. Behindertenspezifische Aufarbeitung der Sportart Judo. Idstein 1992.

JANALIK, H.: Lebenslange Körpererfahrungen durch Judo. In: TREUTLEIN, G./FUNKE, J./SPERLE, N.: Körpererfahrungen im Sport. Wahrnehmen, Lernen, Gesundheit fördern. ADH-Schriftenreihe Bd. 13. Aachen 1992, S. 107-129.

JANKO, W.: Judo mit Behinderten – Versuch einer theoretischen Fundierung. In: Judo 24 (1984a) 9, S. 12-13.

JANKO, W.: Judo – ein therapeutisches Mittel in der Behindertenpädagogik? In: Sonderpädagogik 14 (1984b) 2, S. 74-78.

JANKO, W: Judounterricht mit Behinderten. Methodische Einführung in den Judo-Sport. Idstein 1986.

JANKO, W.: Judo als Rehabilitation bei Verhaltensstörungen – aufgezeigt an einer Ferienfreizeit auf dem Eulenhof. Unveröffentl. Staatsarbeit, Universität Essen 1987.

JANKO, W.: Eine Sportart in Bewegung – Judo der Behinderten. In: der budoka Heft 3, 1997, S. 29-32.

JANKO, W.: Eine Sportart in Bewegung – Judo der Behinderten in: Wir im Sport 4 (1998) S. 15. Analyse der Sportart Judo. (Unveröffentl.) Referat für die Judoausbildung beim Behindertensportverband NRW. Hennef 1994.

KANO, J.: Der Beitrag des Judos zur Erziehung. Beitrag zur ersten internationalen 'Judo-Sommerschule' in Deutschland 1932. In: DAS BUDO ABC. Dreieich-Spendlingen 1976, S. 146-156.

KANO, J.: Der Beitrag des Judo zur Erziehung: in: RHODE, R. (Hg.): Das Budo-ABC. Dreieich-Spendlingen 1980.

LEHMANN, G. /MÜLLER DECK, H.: Judo. Berlin 1987.

MATTHES, A.: Epilepsien: Diagnostik und Therapie für Klinik und Praxis. Stuttgart, New York 1984[4].

MATTHES, A. /SCHNEBLE, H.: Epilepsien: Diagnostik und Therapie für Klinik und Praxis. Stuttgart, New York 1992[5].

NAKKEN, K. O.: Medical and Psychosocial Aspects of Sports in Adults with Epilepsy. Unveröffentlichte deutsche Zusammenfassung zum Vortag innerhalb der X. Weiterbildungsveranstaltung des Sportärztebundes Westfalen e.V.: Sport und Epilepsie – Ein Update – Bielefeld 04.11.1995.

NAKKEN, K. O.: Epilepsie und körperliche Aktivität. Übersetzung von THOR BECKE. In: einfälle. Zeitschrift der Epilepsie-Selbsthilfe 15 (1996) 58, S. 32-35.

NORDRHEIN-WESTFÄLISCHER JUDO-VERBAND: Judo mit Behinderten. Materialsammlung. Duisburg 1990.

NORDRHEIN-WESTFÄLISCHER JUDO-VERBAND: Prüfungsordnung (allgemein). Duisburg 1994.

NORDRHEIN-WESTFÄLISCHER JUDO-VERBAND (Hrsg.): Kyu-Prüfungsordnung „Judo der Behinderten". Arbeitskreis 'Judo der Behinderten' in Zusammenarbeit mit dem Behindertensport-Sportverband Nordrhein-Westfalen e.V. Duisburg 1996.

OHGO, M.: Judo. Niedernhausen 1972.

PERREN, A./BIENER, K.: Judosportunfälle – Epidemiologie und Prävention. In: Deutsche Zeitschrift für Sportmedizin 36 (1985) 10, S. 294-300.

RHEKER; U.: Spiel und Sport für alle. Aachen 1993.

ROSEN, K.: Judo für geistig Behinderte. In: INNENMOSER, J./JANKO, W./VÖGTLE, H.-J.: Judo als Rehasport. Behindertenspezifische Aufarbeitung der Sportart Judo. Idstein 1992, S. 119-120.

ROTH, K.: Sportmotorische Tests. In: WILLIMCZIK, K.: Forschungsmethoden in der Sportwissenschaft. Ahrensburg 1982.

RUNKEL, K.: Anwendungsmöglichkeiten der Kampfsportarten Judo und Ringen im Behindertensport. In: Behindertensport 1 (1983), S. 5-10.

SCHILLING, F.: Der Körperkoordinationstest für Kinder (KTK) von Ernst J. Kiphard u. F. Schilling. Manual von F. Schilling. Weinheim 1974.

SCHNABEL, G.: Die koordinativen Fähigkeiten und das Problem der Gewandtheit. In: Theorie und Praxis der Körperkultur 3(1973), S. 263-269.

SIGMUND, R.: Anfängermethodik und neue Prüfungsordnung für Übungsleiter. Rüsselsheim 1994[3].

STIFTUNG BEHINDERTENSPORT: Weil ein Leben länger dauert als ein Unglück. Informationsschrift der Stiftung Behindertensport. Duisburg 1995.

TIWALD, H.: Psycho-Training im Kampf - und Budo-Sport. Ahrensburg 1981.

VAN DER SCHOT, P.: Sport als Therapie bei geistig Behinderten. in: Materialien im Sport in Nordrhein-Westfalen. Köln 1980.

VIETING, S.: Eignung und Wert der Sportart Judo als fester Bestandteil des Sportunterrichts für geistig Behinderte - Untersuchung zur Förderung der Ausdauer und Körperkoordination geistig behinderter Schüler mittels eigener Judo-Unterrichtsprojekte. Unveröffentl. Diplomarbeit Univ. Bochum 1997.

VON DEN BENKEN, M.: Mit Judo gegen Aggressionen. In: Judo Sport Journal Nr. 7 Jg. 2 (1996) 3, S. 20-21.

WERLE, J. (Red.): Bewegung, Sport und Epilepsie. Heidelberger Schriftenreihe zur Sportwissenschaft. Band 4. Heidelberg 1994.

WOLTER, J.: Judo als REHA-Sport. In: Budoka 24 (1996) 1, S. 25.

WOLTER, J.: Behindertenjudo bringt viel Positives. In: Budoka 25 (1997) 4, S. 26.

WORMS, L.: Behinderte erleben Sport und Spiel - Erfahrungen und Untersuchungen. Bethel-Beiträge 43. Bielefeld 1990.

ZIELKE, O.: Judo - der sanfte Weg zur Empathie. In: Sportpädagogik 2 (1996) 20, S. 49-53.

ZIMMERMANN, K.: Koordinative Fähigkeiten und Beweglichkeit. In: MEINEL,K. /SCHNABEL, G.: Bewegungslehre. Berlin 1987.

2. Videos

Judo der Behinderten
Grundlegende Möglichkeiten der Sportart Judo in der Rehabilitation behinderter Menschen.
Laufzeit: ca. 20 Minuten, Preis 49,00 DM.

Judo-Integrationssportfest
Bericht über das 7. DJB-Integrationssportfest für behinderte Judoka in Gladbeck.
Laufzeit: ca. 25 Minuten, Preis 25,00 DM.

Dokumentation „Judo der Behinderten"
Zusammenstellung erster videografierter Maßnahmen, Lehrgänge und Fernsehsendungen zum Thema.
Laufzeit: ca. 25 Minuten, Preis 25,00 DM.

Kyu-Prüfung mit behinderten Judoka
Schwierigkeiten behinderter Menschen bei der Durchführung einer Kyu-Prüfung nach der Prüfungsordnung für Behinderte des NWDK.
Laufzeit: ca. 40 Minuten, Preis 25,00 DM.

Wünschen Sie zusätzliche Informationen oder weitere Hinweise? Dann melden Sie sich bitte unter:

Geschäftsstelle des Nordrhein-Westfälischen Judo-Verbandes
Friedrich-Alfred-Str. 25, 47055 Duisburg
Tel.: 0203 / 7381 - 627 oder Fax: 0203 / 7381 - 624

Geschäftsstelle des Behinderten-Sportverbandes Nordrhein-Westfalen
Friedrich-Alfred-Str. 10, 47055 Duisburg
Tel.: 0203 / 7780 -156 oder Fax: 0203 / 7780 - 163

7.5 Zu den gesetzlichen Grundlagen des Rehasports

Hinweise zu Recht, Inhalt und Zielen des Rehabilitationssports

Vorbemerkung

Bei der Behandlung des Themas Sport in der Rehabilitation als eine bewegungstherapeutische Aktivität im Angebot der Sportvereine geht es zunächst um die Beantwortung der Frage, ob BREITEN- und LEISTUNGSSPORT auch rehabilitative Möglichkeiten entfalten können. Zu bejahen ist diese Frage dann, wenn das allgemeine Sportangebot der Sportvereine sowohl im Breiten- als auch im Leistungssport abgestellt ist auf die Art und Schwere der Behinderung. Für die über die Landesbehindertensportverbände dem Deutschen Behindertensportverband angeschlossenen Vereine gilt dies – weil satzungsgemäße Aufgabe – uneingeschränkt. Die rehabilitativen Möglichkeiten und Wirkungen eines so ausgerichteten allgemeinen Sports zeigen sich insbesondere in der

- Verbesserung der psychosozialen und gesellschaftlichen Situation durch das Gruppenerlebnis (Förderung der Kommunikation und Kooperation, Steigerung der Kontaktfähigkeit, Verminderung der Gefahr von Resignation und Isolation),
- Förderung des Selbstbewusstseins, der Selbständigkeit und der Eigeninitiative durch das Erlebnis der eigenen Leistungsfähigkeit, Mobilisierung der Willenskräfte durch Erfolgserlebnisse, Förderung von Koordination, Ausdauer und Beweglichkeit sowie von modifizierten Sporttechniken und Regeln.

Vorrangige Aufgabe der Behindertensportgemeinschaften muss es daher sein, ihre Mitglieder zu lebenslanger, regelmäßiger Teilnahme am Sport im Verein zu motivieren.

Die nachfolgenden Ausführungen werden sich allerdings mit dem REHABILITATIONSSPORT als Regelleistung im Rahmen des sozialen Leistungsrechts befassen, dem Teilbereich des gesamten Behindertensports, der durch die Rehabilitationsträger finanziell gefördert wird, für die Mehrzahl der Behinderten den ersten Kontakt mit eigener sportlicher Betätigung im Verein bedeutet und dem behandelnden Arzt eine weitere effiziente Rehabilitationsmaßnahme zur Verfügung stellt.

1. Was bedeutet Behinderung? Wer ist behindert?

Die Auffassung von Behinderung oder die Beantwortung der Frage, welche Person behindert ist, gehen weit auseinander. Der Standpunkt, das Interesse des Beurteilenden haben dabei entscheidendes Gewicht. Der Mediziner legt den Schwerpunkt auf gesundheitliche oder organische Schädigungen; für den Psychologen oder den Soziologen begründet sich die Behinderung überwiegend in Kommunikationsdefiziten oder im Mangel an selbständigem Handeln; dem Pädagogen erscheinen Ausfall oder Einschränkung der Lernfähigkeit als bestimmende Merkmale der Behinderung / des Behinderten.

Eine allgemein gültige Begriffsbestimmung von „Behinderung" oder „behindert sein" liefert auch das für die Rehabilitation bestehende Sozialrecht nicht. Es stellt allerdings einen Bezug von Behinderung zur Sozialleistung (Rehabilitationsleistung) her. Dies reicht zur Beurteilung und Bewertung von Behinderung für die Leistung „Rehabilitationssport" aus, zumal damit auch das Recht auf Inanspruchnahme dieser Leistung begründet wird:

§ 10 Sozialgesetzbuch (SGB) I (Eingliederung Behinderter):*„ Wer körperlich, geistig oder seelisch behindert ist oder wem eine solche Behinderung droht, hat unabhängig von der Ursache der Behinderung ein Recht auf Hilfe, die notwendig ist, um*
1. *die Behinderung abzuwehren, zu beseitigen, zu bessern, ihre Verschlimmerung zu verhüten oder ihre Folgen zu mildern,*
2. *ihm einen seinen Neigungen und Fähigkeiten entsprechenden Platz in der Gemeinschaft, insbesondere im Arbeitsleben, zu sichern."*

2. Leistungsträger im sozialen Recht (gleichzeitig auch Träger der Leistung Rehabilitationssport)

Die Sozialleistungsträger werden durch § 12 SGB I (Leistungsträger) bestimmt:

„Zuständig für die Sozialleistungen sind die in den §§ 18 bis 29 dieses Gesetzes genannten Körperschaften, Anstalten und Behörden."

So weit die Leistung Rehabilitationssport angesprochen ist, sind dies – neben der Kriegsopferversorgung – die Körperschaften, Anstalten und Behörden

a) der gesetzlichen Krankenversicherung (§ 21 SGB 1). Sie ist in folgende Kassenarten gegliedert: Allgemeine Ortskrankenkassen, Betriebskrankenkassen, Innungskrankenkassen, See-Krankenkasse, landwirtschaftliche Krankenkassen, Bundesknappschaft als Träger der knappschaftlichen Krankenversicherung, Ersatzkassen (§ 4 SGB V).

b) der gesetzlichen Unfallversicherung (§ 22 SGB 1). Sie gliedert sich in die gewerblichen Berufsgenossenschaften (im Einzelnen s. Anlage 1 zu SGB VII), die landwirtschaftliche BG (im Einzelnen s. Anlage 2 zu SGB VII), den Bund, die Eisenbahn-Unfallkasse, die Unfallkasse Post und Telekom, die Unfallkassen der Länder, die Gemeindeunfallversicherungsverbände und Unfallkassen der Gemeinden, die Feuerwehr-Unfallkassen und die gemeinsamen Unfallkassen für den Landes- und den kommunalen Bereich (§ 114 SGB VII).

c) der gesetzlichen Rentenversicherung, einschl. der Alterssicherung der Landwirte (§ 23 SGB 1).
Sie gliedert sich in die Rentenversicherung der Arbeiter (Landesversicherungsanstalten), die Bundesversicherungsanstalt für Angestellten (BfA) und die knappschaftliche Rentenversicherung (Bundesknappschaft) (§ 125 SGB VI).

3. Rechtsnormen der Leistung Rehabilitationssport

Der Rehabilitationssport findet seine rechtlichen Grundlagen in folgenden Gesetzen und Rechtsnormen:

a) allgemein im
§ 12 (Ergänzende Leistungen) Gesetz über die Angleichung der Leistungen zur Rehabilitation (RehaAnglG):
„Als ergänzende Leistungen sollen erbracht werden ... 5. Behindertensport in Gruppen unter ärztlicher Betreuung ..."

b) für die Krankenversicherung (GKV) im
§ 43 SGB V (Ergänzende Leistungen zur Rehabilitation):

„Die Krankenkasse kann als ergänzende Leistungen den Rehabilitationssport fördern, der den Versicherten ärztlich verordnet und in Gruppen unter ärztlicher Betreuung ausgeübt wird, ..."

c) für die Unfallversicherung (GUV) im
§ 39 SGB VII (Leistungen zur sozialen Rehabilitation und ergänzende Leistungen): *„Die Leistungen zur sozialen Rehabilitation und die ergänzenden Leistungen umfassen ... 6. ärztlich verordneten Rehabilitationssport in Gruppen unter ärztlicher Betreuung ... "* (§ 39 SGB VII)

d) für die Rentenversicherung (GRV) im
§ 28 SGB VI (Art der ergänzenden Leistungen):
„Als ergänzende Leistungen zur Rehabilitation können außer dem Übergangsgeld.... ärztlich verordneter Rehabilitationssport in Gruppen unter ärztlicher Betreuung ... erbracht werden."

e) für die drei genannten Rehabilitationsträger (GKV, GUV, GRV) in der Gesamtvereinbarung über den Rehabilitationssport und das Funktionstraining vom 1.1.1994:
Sie ist zwischen den genannten Rehabilitationsträgern abgeschlossen worden, regelt Voraussetzung, Art und Umfang des Rehabilitationssports und ersetzt eine Regelung durch Rechtsverordnung der Bundesregierung (§§ 5, 9 i.V.m. § 8 RehaAnglG). Sie soll sicherstellen, dass der Rehabilitationssport im Rahmen der für die einzelnen Sozialleistungsbereiche geltenden Vorschriften nach einheitlichen Grundsätzen gewährt bzw. gefördert wird. Daneben haben sich die Rehabilitationsträger in der Gesamtvereinbarung auf die einheitliche Bezeichnung REHABILITATIONSSPORT, unabhängig von der jeweiligen gesetzlichen Benennung, geeinigt.

4. Begriff und Inhalt des Rehabilitationssports im Sinne der Rechtsnormen

Rehabilitationssport ist ergänzende Leistung zur Rehabilitation. Er wird den Betroffenen ärztlich verordnet und in Gruppen unter ärztlicher Betreuung ausgeübt (§ 12 RehaAnglG, § 43 SGB V) § 39 SGB VII, § 28 SGB VI).

Die Gesamtvereinbarung füllt diese Normen mit folgendem Inhalt:

Rehabilitationssport wirkt mit den Mitteln des Sports und sportlich ausgerichteter Spiele ganzheitlich (im Gegensatz zum Funktionstraining) auf die Behinderten ein.

Er umfasst bewegungstherapeutische Übungen, die als Gruppenbehandlung im Rahmen regelmäßig abgehaltener Übungsveranstaltungen durchgeführt werden, sowie Maßnahmen, die einem behindertengerechten Verhalten und der Bewältigung psycho-sozialer Krankheitsfolgen dienen.

Der Rehabilitationssport muss auf die Art und Schwere der Behinderung sowie auf den gesundheitlichen Allgemeinzustand der Behinderten abgestimmt sein.

Rehabilitationssportarten sind Gymnastik, Leichtathletik, Schwimmen, Bewegungsspiele in Gruppen sowie zusätzlich Bogenschießen für Rollstuhlfahrer und Kegeln für Blinde, **soweit es sich bei den genannten Sportarten um auf die Behinderung abgestimmte Übungen handelt.**

Der Rehabilitationsträger kann unter dieser Voraussetzung weitere Sportarten als Rehabilitationssport anerkennen.

5. Rehabilitationsziele
Hinweis: Der Sport verlangt die eigene Aktivität der Behinderten und macht den Erfolg von ihrem persönlichen Einsatz abhängig.

5.1 In den Rechtsnormen vorgegebene Ziele des Rehabilitationssports:
- Behinderung zu beseitigen, zu lindern oder auszugleichen oder eine Verschlimmerung zu verhindern.
- Krankheitsfolgen, Einschränkungen der Erwerbsfähigkeit oder Pflegebedürftigkeit zu vermeiden, zu verringern oder zu beseitigen.
- Rehabilitation zu erreichen oder zu sichern.
- Ausdauer, Kondition, Koordination, Flexibilität und Kraft zu stärken.
- Behindertengerechtes Verhalten und Bewältigung psycho-sozialer Krankheitsfolgen zu erreichen.
- Über Ausstattung mit technischen Hilfsmitteln zu beraten.
- Den Gebrauch technischer Hilfsmittel zu erlernen.

- Hilfe zur Selbsthilfe anzubieten, insbesondere um die eigene Verantwortung der Behinderten für ihre Gesundheit und ihre Motivation zum angemessenen Bewegungstraining zu stärken.

5.2 Die dem angemessenen allgemeinen Sport im Verein immanenten Rehabilitationsmöglichkeiten:
(siehe Vorbemerkung zum Teil B)

6. Inanspruchnahme der Leistung Rehabilitationssport
(s. Gesamtvereinbarung)

Für die Inanspruchnahme der Leistung Rehabilitationssport gelten folgende zwingende Voraussetzungen:

a) Behinderung

Rehabilitationssport kann grundsätzlich bei jeder Behinderung in Betracht kommen. Maßgeblich im Einzelfall ist die medizinische Beurteilung durch den behandelnden Arzt.

Rehabilitationssport liegt solange vor, wie Behinderte während der Übungen in der Übungsstunde des Vereins der Überwachung durch den Arzt und der Anleitung durch den Übungsleiter bedürfen, also noch nicht über Fertigkeiten in den Bewegungsabläufen verfügen, die sie in die Lage versetzen, die Übungen selbständig durchzuführen.

Die Fähigkeit, Übungen selbständig durchzuführen, kann bei schweren Krankheitsbildern dauerhaft fehlen, beispielsweise bei

- schweren Mobilitätsstörungen (Zerebralparese, Querschnittslähmung, Amputation oder Lähmungen von Gliedmaßen, z.B. Bein oder Arm, schwere Schädel-Hirnverletzungen).
- chronischen Krankheiten, die einen höheren Grad an Aufsicht notwendig machen (z.B. schwere chronische Herzkrankheit).
- erheblichen krankhaften Antriebsstörungen, die eine langzeitige Fremdmotivation erfordern (z.B schwere organische Hirnschädigung, geistige Behinderung, soweit Gruppenfähigkeit besteht oder erreichbar ist).

b) Ärztliche Verordnung

Das Sozialrecht bindet die finanzielle Förderung der Teilnahme am Rehabilitationssport durch die Leistungsträger an eine ärztliche Verordnung, die auf den Einzelfall abgestellt sein muss. Die Verordnung ist im Allgemeinen von dem Arzt auszustellen, der das der Behinderung zugrunde liegende Leiden behandelt. Sie soll enthalten

- die Diagnose (Feststellung der Behinderung).
- die Gründe, weshalb Rehabilitationssport erforderlich ist.
- die zeitliche Dauer des Rehabilitationssports und die Anzahl der wöchentlich notwendigen Übungsstunden (bis zu 2, höchstens 3 Übungsstunden).
- eine **Empfehlung** für die Auswahl der für die Behinderung geeigneten Sportart.

Die einzelne Verordnung hat eine Geltungsdauer von höchstens sechs Monaten, kann aber sooft **wiederholt** werden, bis das Ziel der Rehabilitation erreicht ist. Da der Rehabilitationssport ergänzende Leistung ist, kann sich die zeitliche Dauer der Teilnahme über den engen medizinischen Anwendungsbereich hinaus erstrecken. Weder die Kosten der Verordnung noch die der Durchführung des Rehabilitationssports belasten das Budget des behandelnden Arztes.

7. Durchführung und Finanzierung des Rehabilitationssports

7.1 Die Durchführung des Rehabilitationssports obliegt in der Regel den Sportgemeinschaften, die über die Landesbehindertensportverbände dem Deutschen Behindertensportverband angeschlossen sind. Die Rehabilitations-Sportgruppen (**Übungsgruppen**) können in unterschiedlich organisatorischer Form auftreten: als unselbständige Übungsgruppe in einer selbständigen Behindertensportgemeinschaft oder eines selbständigen Sportvereins, als Übungsgruppe mit der Selbständigkeit eines Vereins oder als unselbständige Übungsgruppe in einer Selbsthilfeorganisation. Alle diese Gruppen bedürfen einer besonderen **Anerkennung**. Die Anerkennung erfolgt (ausgenommen in Bayern) grundsätzlich durch die Landesbehindertensportverbände, die auch die ordnungsgemäße Durchführung des Rehabilitationssports in den Übungsgruppen überwachen (in Bayern liegen Anerkennung und Überwachung bei einer Arbeitsgemeinschaft).

Anzustreben ist die Durchführung des Rehabilitationssports in indikationsübergreifenden Gruppen.

7.2. An einer **Übungsveranstaltung** sollen nicht mehr als 15 Behinderte je Übungsleiter teilnehmen. Die Teilnehmerzahl von Blinden, Doppelamputierten, Hirnverletzten, Behinderten mit schweren Lähmungen oder anderen Schwerstbehinderten soll nicht mehr als sieben Behinderte je Übungsleiter betragen, sofern der Rehabilitationssport in geschlossenen Gruppen durchgeführt wird. Für Kinder bis zur Vollendung des 14. Lebensjahres und Jugendliche sind möglichst besondere Übungsgruppen zu bilden, Stärke: zehn bzw. fünf Behinderte, je nach Schwere der Behinderung.

7.3 Die Durchführung des Rehabilitationssports bedarf der **ärztlichen Betreuung/Überwachung**. Mit dieser Aufgabe sind auf dem Gebiet des Rehabilitationssports erfahrene Ärzte zu beauftragen. Aufgabe der ärztlichen Betreuung/Überwachung ist es vor allem, durch Erst- und Kontrolluntersuchung die auf die Behinderung sowie auf den Allgemeinzustand der Behinderten abgestimmten Übungen festzulegen, die jeweilige Belastbarkeit der Behinderten festzustellen und zu berücksichtigen, dem Übungsleiter entsprechende Anweisungen zu erteilen und die Behinderten zu beraten.

7.4 Die Leitung der Übungsgruppen muss in den Händen von **Übungsleitern** liegen, die aufgrund eines besonderen Qualifikationsnachweises die Gewähr für eine fachkundige Anleitung und Überwachung der Übungen bieten. Die Ausbildung der Übungsleiter und die Ausstellung des Qualifikationsnachweises liegt grundsätzlich bei den Landesbehindertensportverbänden. Grundlage bilden die Ausbildungsrichtlinien des Deutschen Behindertensportverbandes.

7.5 Für die Teilnahme am Rehabilitationssport werden den Sportgemeinschaften von den Rehabilitationsträgern (Kranken-, Renten- oder Unfallversicherung) **Vergütungen** gezahlt. Die Höhe differenziert je nach Zusammensetzung der Übungsgruppen (allgemeine Behinderung – schwere chronische Herzkrankheiten – Schwerstbehinderte). Unterschiede in der Höhe der Vergütung liegen auch zwischen den Zahlungen von Krankenkassen und Rentenversicherungsanstalten auf der einen und denen der Berufsgenossenschaften auf der anderen Seite. Im Einzelnen ist die Vergütung in Verträgen zwischen den Rehabilitationsträgern und dem Deutschen Behindertensportverband oder den Landesbehindertensportverbänden geregelt. Die Vergütung trägt zur Deckung der den Übungsgruppen entstehenden Aufwendungen bei Durchführung des Rehabilitationssportes bei. Sie deckt die Aufwendungen nicht. Zu ihrer **vollen Finanzierung** wird daher **die Leistung eines Eigenanteils der Teilnehmer** notwendig und die Regel sein.

8. Abschließende Bemerkungen zum Rehabilitationssport

8.1 Grundlage des Inhalts der regelmäßig abzuhaltenden Übungsveranstaltung bildet der Sport, nicht die physikalische Therapie.

8.2 Die sporttherapeutischen Übungen als Inhalt der regelmäßig abzuhaltenden Übungsveranstaltungen sind aus den in der Gesamtvereinbarung aufgeführten sowie vom Rehabilitationsträger darüber hinaus anerkannten Sportarten und nicht aus der physikalischen Therapie zu entwickeln. Übungsgruppen des Rehabilitationssports können folglich keine Therapiegruppen, sondern nur Sportgruppen sein.

8.3 Rehabilitationssport ist keine unmittelbar auf die Heilung abgestellte medizinische Maßnahme, sondern eine sie ergänzende und über die unmittelbare medizinische Behandlung hinaus wirkungsvoll anwendbare Maßnahme der ganzheitlichen ambulanten Rehabilitation.

8.4 Die bestimmenden Gegebenheiten des Sports im Verein sind Solidarität mit den Mitsportlern, Freiwilligkeit des Mitmachens, weitgehende Mitbestimmung von Inhalt und Ablauf der Übungsveranstaltung, eigene Aktivität sowie Eigenverantwortung. Vereinssport entwickelt sich und lebt aus der Praxis. Er überzeugt durch Beispiel und kann das Interesse der Behinderten nur wecken, wenn er dem individuellen Interesse der Behinderten entgegenkommt.

8.5 Kurssysteme im Verein als Rehabilitationssport zu etablieren, widerspricht der Absicht des Gesetzgebers und lässt die vorgegebenen Rehabilitationsziele nicht erreichen. Ebensowenig werden diese Ziele erreicht, wenn ohne Notwendigkeit an Übungsgruppen spezifischer Indikation festgehalten wird.

Indikationsübergreifende Gruppen müssen das Ziel sein, ein Ziel, das vom Rehabilitationssport zum Breitensport führt, dort das Interesse am Leistungssport – soweit dies die Behinderung/das Krankheitsbild zulässt – weckt und so die Behinderten motiviert, regelmäßig und dauerhaft aktiv Sport zu betreiben.

7.6 Leitfaden zur Gründung einer Rehabilitationssportgemeinschaft

Dieser Leitfaden beschränkt sich auf die Durchführung des Rehasports als vom Arzt verordnete, in Gruppen unter ärztlicher Betreuung auszuführende ergänzende Leistung zur Rehabilitation, gefördert gem. § 43 Zif.1. Sozialgesetzbuch (SGB) V durch die gesetzliche Krankenversicherung (GKV), erbracht gem. § 28 Zif.3. SGB VI durch die gesetzliche Rentenversicherung (GRV) und gem. § 39(1) Zif.6. SGB VII zum Umfang der ergänzenden Leistungen der gesetzlichen Unfallversicherung (GUV) gehörend.

GKV, GRV, GUV und Kriegsopferversorgung (letztere soll mit ihren Besonderheiten hier nicht näher behandelt werden) haben eine „Gesamtvereinbarung über den Rehabilitationssport und das Funktionstraining vom 1.1.1994" (GV) abgeschlossen. Sie bestimmt Voraussetzung, Art und Umfang des Rehasports, ersetzt eine Regelung durch Rechtsverordnung der Bundesregierung (§§ 5, 9 i.V.m. § 8 RehaAnglG) und soll sicherstellen, dass der Rehasport im Rahmen der für die einzelnen Sozialleistungsbereiche (GKV, GRV, GUV) geltenden Vorschriften nach einheitlichen Grundsätzen gewährt bzw. gefördert wird. Die GV ist bestimmend für die Durchführung des Rehasports.

§ 6(2) GV charakterisiert die in den Rechtsnormen für die Durchführung des Rehasports geforderten Gruppen als „Rehabilitationssportgemeinschaften" (RehaSG), ohne dass damit eine körperschaftliche Organisation des Privatrechts begründet wird.

Die Träger des Rehasports sind die Körperschaften, Anstalten und Behörden von GKV, GRV und GUV (§ 12 SGB I) und nicht die Behindertensportgemeinschaften (BehSG) des Deutschen Behindertensportverbandes (DBS), die Vereine des Deutschen Sportbundes (DSB) oder die Herzgruppen der Deutschen Gesellschaft für Prävention und Rehabilitation von Herz-Kreislauf-Erkrankungen (DGPR). Diese Verbände gehören daher auch nicht zu den Parteien, die die GV mit abgeschlossen haben.

Die Sozialleistungsträger können sich zur Ausführung von Sozialleistungen (z.B. Rehasport) gemeinnütziger und freier Einrichtungen oder Organisationen bedienen. § 17(3) SGB I bestimmt das Verhältnis untereinander:

„In der Zusammenarbeit mit gemeinnützigen und freien Einrichtungen und Organisationen wirken die Leistungsträger darauf hin, dass sich ihre Tätigkeit und die der genannten Einrichtungen und Organisationen zum Wohl der Leistungsempfänger wirksam ergänzen. Sie haben dabei deren Selbständigkeit in Zielsetzung und Durchführung ihrer Aufgaben zu achten. Im Übrigen ergibt sich ihr Verhältnis zueinander aus den besonderen Teilen dieses Gesetzbuches ..."

Nach § 6(1) GV *„obliegt die Durchführung des Rehasports in der Regel den Sportgemeinschaften, die über die Landesbehindertensportverbände (LBSV) dem DBS angehören."* Als weitere geeignete Organisationen sind die Landessportbünde (LSB) des DSB und die Landesarbeitsgemeinschaften (LAG) der DGPR anerkannt. Die jeweiligen Zuständigkeiten von BehSG der LBSV, von Vereinen der LSB und von Herzgruppen der LAG sind durch Abkommen zwischen LBSV, LSB und LAG geregelt. Ganz allgemein sind zuständig:

a) Die LAG mit ihren Herzgruppen für den Bereich der Herz-Kreislauf Erkrankungen
b) Die LSB mit ihren Vereinen für unterschiedliche Bereiche, die sich aus Tradition oder aus Abkommen mit den LBSV und LAG ergeben (tradierte Bereiche sind insbesondere Herz-Kreislauf-Erkrankung, Krebsnachsorge).
c) Die LBSV mit ihren BehSG für alle Behinderungsarten einschl. Herz-Kreislauf-Erkrankungen und Krebsnachsorge.

Ihre Zusammenarbeit mit den Leistungsträgern (Trägern des Rehasports) regeln Verträge mit DBS, DSB und DGPR auf Bundesebene, überwiegend aber mit LBSV, LSB und LAG auf Landesebene. Die Verantwortung für die ordnungsgemäße Durchführung des Rehasports liegt immer bei den LBSV, LSB und LAG.

Hinweise zur Rechtsform einer RehaSG
Die RehaSG können körperschaftliche Eigenschaft erlangen
a) durch Gründung eines rechtsfähigen (§§ 21ff. BGB) oder nicht rechtsfähigen (§ 54 BDB) Vereins oder
b) über den Anschluss als Bereich, Abteilung oder Gruppe an eine bestehende rechtsfähige BehSG.

Zu a)

Wegen der Nachteile der Rechtsstellung des nicht rechtsfähigen Vereins soll hier nicht näher auf ihn eingegangen werden.

Die Entstehung eines nicht auf wirtschaftlichen Geschäftsbetrieb gerichteten rechtsfähigen Vereins (Idealverein, z.B. BehSG X-stadt) setzt einen Gründungsakt voraus. Er besteht darin, dass sich mindestens sieben Personen darüber einig sind, dass sie einen Verein gründen und dass die für den künftigen Verein in einer Satzung niedergelegten Regelungen des Vereinslebens verbindlich sein werden.

Die Satzung ist die Verfassung, die rechtliche Grundlage des Vereins. Sie muss die das Vereinsleben bestimmenden Grundentscheidungen enthalten. Dabei gilt der Grundsatz der Vereinsautonomie, d.h. der Verein regelt in der Satzung seine Angelegenheiten unter Beachtung zwingender Normen des Vereinsrechts (§§ 26ff. BGB) selber. Zur Regelung in der Satzung gehören Zweck, Name (freie Wahl unter Beachtung § 56II BGB) und Sitz des Vereins, Erwerb, Verlust und Inhalt der Mitgliedschaft, Festlegung der Organe (mindestens Mitgliederversammlung und Vorstand), ihrer Aufgaben und Arbeitsweisen und Beitragsgrundsätze. In die Satzung müssen auch die Kriterien aufgenommen werden, die die Gemeinnützigkeit des Vereins begründen (§§ 51-68 Abgabenordnung). Auf weitere Einzelheiten einzugehen, würde den Rahmen dieses Leitfadens sprengen. Es ist den Interessenten an der Gründung einer BehSG mit oder als RehaSG zu empfehlen, weitere Informationen und Mustersatzungen bei den LBSV einzuholen (Adressen s. Reha&Sport 1/97, S. 29).

Die Anmeldung des Vereins zur Eintragung in das Vereinsregister regelt § 59 BGB. Mit der Eintragung erhält der Vereinsname den Zusatz „e.V." ·

Zu b)

Das unkomplizierteste Verfahren, eine RehaSG zu etablieren, besteht in der Möglichkeit, sich als Abteilung oder Gruppe an eine bestehende rechtsfähige BehSG anzuschließen. Ein solcher Zusammenschluss kommt dem Anliegen des Behindertensports als weitgehend selbständige Sportbewegung im DSB entgegen: Integration der Behinderten/chronisch Erkrankten untereinander, größeres, den Einzelinteressen entgegenkommendes Sportangebot, Bildung indikationsübergreifender Übungsgruppen, Möglichkeiten des Überganges vom Rehasport zum Breiten- und Leistungssport je nach Stand der Rehabilitation und der eigenen Neigung.

Die Satzung einer rechtsfähigen BehSG kann eine weitgehende Selbständigkeit der einzelnen Bereiche, Abteilungen oder Gruppen zulassen; dazu gehört auch die Vertretung der Untergliederungen im Vorstand und in weiteren Organen des BehSG. Leider geht die Entwicklung, insbesondere in größeren Orten einen umgekehrten Weg. Es entstehen immer neue indikationsspezifische RehaSG als selbständige Vereine. Abgesehen von den Nachteilen eingeschränkter Möglichkeiten und eines eingeengten Sportangebots gilt auch für den Sport Behinderter/chronisch Erkrankter, dass die große Zahl verstärktes politisches Gewicht und größere Durchschlagskraft im kommunalen Bereich und gesellschaftlichen Zusammenleben besitzt.

Die hier für die Ortsebene favorisierte Organisation des Behindertensports bietet auch den Selbsthilfeorganisationen die Möglichkeit, RehaSG zu gründen. Die Einbindung in den organisierten Sport kann dadurch erreicht werden, dass die Satzung der Selbsthilfeorganisation um die Zweckbestimmung „Durchführung des Rehabilitationssports in RehaSG" erweitert, für diese RehaSG eine besondere Sportordnung beschlossen wird und sie die Mitgliedschaft im zuständigen LBSV erwirbt. Einzelheiten und Unterlagen dazu halten die LBSV bereit.

Die Voraussetzungen für die Anerkennung der RSG
Die RehaSG bedarf unabhängig von ihrer Rechtsform gem. § 6(2) GV der Anerkennung. Die Anerkennung liegt bei den jeweils zuständigen LBSV (in Bayern bei einer Arbeitsgemeinschaft). Die LBSV sind gem. § 6(2) GV auch zuständig für die fortlaufende Überprüfung der Ordnungsmäßigkeit der Durchführung der Übungsveranstaltungen in den RehaSG. Die RehaSG muss dieses Recht den LBSV einräumen. Die LBSV haben in ihrer Satzung die Regeln der Anerkennung und der Überprüfung zu verändern.

Voraussetzungen für die Anerkennung der RehaSG sind
1. Betreuender Arzt (§ 10 GV):
Mit der ärztlichen Betreuung sind auf dem Gebiet des Rehasports erfahrene Ärzte einzusetzen. Aufgaben: Erst- und Kontrolluntersuchung zur Festlegung

der auf die Behinderung und den Allgemeinzustand der Behinderten abgestimmten Übungen, Feststellung und Berücksichtigung der jeweiligen Belastbarkeit, Weitergabe entsprechender Anweisungen an die Übungsleiter, Beratung der Behinderten, Niederschrift der Untersuchungsergebnisse. Die Erfüllung der Aufgaben erfordert grundsätzlich die Anwesenheit, wenn auch nicht ständige (Rufbereitschaft), des Arztes während der Übungsveranstaltung. Seine Anwesenheit ist mindestens solange erforderlich, wie er zur Beurteilung der Belastbarkeit des einzelnen Teilnehmers benötigt wird. Bei Herzgruppen ist die ständige Anwesenheit des Arztes erforderlich.

2. Übungsleiter (§ 11 GV):
Die Übungen sind von einem Übungsleiter mit besonderen Qualifikationsnachweisen (Lizenzen) zu leiten. Sie müssen für die Indikationsbereiche (Orthopädie, innere Organe, Sinnesbehinderung, Neurologie, geistige Behinderung) lizensiert sein, denen die Teilnehmer der Übungsgruppe angehören. Die Fachausbildung erhalten Übungsleiter in Lehrgängen der LBSV, die auch die qualifizierenden Lizenzen des DSB ausgeben.

3. Übungsgruppen (§ 8 GV):
Übungsgruppen sind keine formalen Einheiten innerhalb einer RehaSG. Die GV bezeichnet damit die Gruppe von Teilnehmern an einer Übungsstunde. Es können durchaus mehrere Übungsgruppen gleichzeitig den Rehasport durchfahren. Eine Übungsgruppe soll nicht mehr als 15, bei Blinden, Doppelamputierten, Hirnverletzten, Behinderten mit schweren Lähmungen oder anderen Schwerstbehinderten nicht mehr als sieben, bei Kindern und Jugendlichen nicht mehr als zehn, bei schwerstbehinderten Kinder und Jugendlichen nicht mehr als fünf Teilnehmer je Übungsleiter umfassen. Die Stärke von Herzgruppen bestimmt der betreuende Arzt. Für Kinder und Jugendliche sind möglichst besondere Übungsgruppen zu bilden.

4. Inhalt des Rehasportes (§ 2 GV):
Bei aller Notwendigkeit, formale Bedingungen zu erfüllen, bleibt der von den Leistungsträgern in der GV geforderte Inhalt das entscheidende Kriterium des Rehasports, um die Rehabilitationsziele zu erreichen: Rehasport wirkt mit den Mitteln des Sports und sportlich ausgerichteter Spiele in regelmäßig abzuhaltenden Übungsveranstaltungen ganzheitlich auf die Behinderten ein. Er um-

fasst auch Maßnahmen, die einem behindertengerechten Verhalten und der Bewältigung psycho-sozialer Krankheitsfolgen dienen. Rehasportarten sind Gymnastik, Leichtathletik, Schwimmen, Bewegungsspiele in Gruppen sowie zusätzlich Bogenschießen für Rollstuhlfahrer und Kegeln für Blinde. Aus diesen Sportarten und nicht aus der physikalischen Therapie sind die bewegungstherapeutischen Übungen einer Übungsveranstaltung zu entwickeln.

5. *Rehabilitationsziele (§ 2 GV, Sozialleistungsgesetze)*
Der Rehasport ist so durchzuführen, dass er dazu beiträgt, folgende Ziele zu erreichen: Rehabilitation erreichen oder sichern, Behinderung beseitigen, lindern oder ausgleichen oder Verschlimmerung vermeiden; Krankheitsfolgen, Einschränkung der Erwerbsfähigkeit oder Pflegebedürftigkeit vermeiden, verringern oder beseitigen; Ausdauer, Kondition, Koordination, Flexibilität und Kraft stärken; Hilfe zur Selbsthilfe sowie eigene Verantwortung für die Gesundheit erreichen.

Bei Erfüllung dieser Voraussetzungen kann eine Anerkennung nicht versagt werden. Sie wird von den LBSV den Leistungsträger mitgeteilt.

Inanspruchnahme der Leistung „Rehasport" (Mitglieder der RehaSG) und finanzielle Förderung durch die Leistungsträger
Zur Inanspruchnahme der Leistung Rehasport sind erforderlich die Behinderung des Teilnehmers (jede Behinderung kommt gem. § 2 GV in Betracht, maßgeblich im Einzelfall ist die med. Beurteilung durch den behandelnden Arzt) und eine ärztliche Verordnung. Sie muss Diagnose, die Gründe der Notwendigkeit der Teilnahme am Rehasport, die zeitliche Dauer und die Häufigkeit der wöchentlichen Teilnahmen beinhalten.

Für die Teilnahme am Rehasport werden den RehaSG von den Leistungsträgern Vergütungen gezahlt. Die Höhe differenziert je nach der Schwere der Behinderung (allgemeine Behinderung oder schwere chronische Herzkrankheiten oder Schwerstbehinderung) und zwischen GKV und GRV einerseits und GUV andererseits. Im Einzelnen ist die Vergütung in Verträgen zwischen den Leistungsträgern auf Bundes- oder Landesebene einerseits und DBS, DSB, DGPR oder den LBSV, den LSB und den LAG andererseits vereinbart. Die Vergütung deckt nicht die Ausgaben der Durchführung des Rehasports. Ein Eigenanteil der Teilnehmer wird daher notwendig und die Regel sein.

7.7 Zu den Autoren

Rüdiger Aring, Jg. 1962, begann 1970 mit seiner Judoausbildung und ist seit 1979 selbst als Übungsleiter tätig. Er spezialisierte sich in Gebärdensprache und Behindertensport und ist seit 1993 im Besitz der Trainer-B-Lizenz des Deutschen Judo-Bundes. Er ist Träger des 4. Dan und verantwortlicher Übungsleiter im Judoprojekt der v. Bodelschwinghschen Anstalten Bethel.

Christoph Baumann, Jg. 1960, arbeitete viele Jahre im Jugend-Epilepsiebereich der v. Bodelschwinghschen Anstalten Bethel. Er schloss 1997 an der Universität Bielefeld den Studiengang 'Prävention und Rehabilitation' ab. Er ist Judoka und arbeitet als Sporttherapeut in der Kinder- und Jugendpsychiatrie des Bezirkskrankenhauses in Landshut.

Heinz Haep, Jg. 1920, Ehrenpräsident des Deutschen Behindertensportverbandes seit 1990, ist als Rechtsexperte seit vielen Jahren maßgeblich an der Entwicklung des ambulanten Rehabilitationssportes beteiligt. Er ist Gründer und Vorsitzender der Stiftung Behindertensport und hat über die Stiftung die finanzielle Absicherung des Betheler Judoprojektes gewährleistet.

Dr. Wolfgang Janko, Jg. 1952, ist seit 30 Jahren Judoka und war zeitweise in der Bundesliga aktiv. Er ist Träger des 6. Dan und seit vielen Jahren als Autor von Fachliteratur zum Thema Judo und behinderte Menschen bekannt. Er entwickelte die Konzeption des Behinderten-Judo in NRW und bundesweit. Dr. Wolfgang Janko ist Rektor an einer Sonderschule.

Dr. Wilfried Koring, Jg. 1947, ist seit vielen Jahren Ausdauersportler und promovierte am Sportmedizinischen Institut in Münster. Er ist Kinderarzt mit dem Schwerpunkt Neuropädiatrie und war bis 1996 zuständig für den Epilepsie-Jugendbereich in den v. Bodelschwinghschen Anstalten Bethel. Er leitet jetzt als Oberarzt die Kinderabteilung des Wittekindshof in Minden. Er ist Judoka.

Dr. Kurt Mähler, Jg. 1931, ist seit 1990 Vorsitzender des Beirates des BSNW. Er war Ministerialdirigent im Ministerium für Arbeit, Gesundheit und Soziales NRW und hat in dieser Funktion die Entwicklung des ambulanten Behindertensports inhaltlich und formal in maßgeblicher Weise vorangetrieben.

Dr. Lutz Worms, Jg. 1952, ist leitender Arzt der Bewegungs- und Sporttherapie in den v. Bodelschwinghschen Anstalten Bethel. Er ist Lehrbeauftragter an den Universitäten Bielefeld und Heidelberg. Seine sportmedizinischen Schwerpunkte liegen in den Bereichen Epilepsie und mehrfachbehinderte Menschen. Er ist Mitglied im medizinischen Ausschuss des Deutschen Behindertensportverbandes (DBS) und Leiter des Projektes.

Rüdiger Aring
Friedhoftstr. 124
33659 Bielefeld

Christoph Baumann
Landgasse 124
84028 Landshut

Heinz Haep
Drususstr. 5
53111 Bonn

Dr. Wolfgang Janko
Doornbeckeweg 32
48161 Münster

Dr. Wilfried Koring
Siekerwall 17
33602 Bielefeld

Dr. Lutz Worms
Bethelweg 96
33617 Bielefeld

7.8 Die Stiftung Behindertensport stellt sich vor

Die Stiftung Behindertensport ist eine gemeinnützige Initiative von Behindertensportlern. Sie wird von Persönlichkeiten aus Politik, Wirtschaft und Wissenschaft mit Engagement unterstützt und gefördert.

Sie will dazu beitragen, dass Behinderte und Nichtbehinderte, die behindert werden können, in die Lage versetzt werden, durch sportliche Betätigung ihr Schicksal zu meistern.

Die Ursachen für eine Behinderung sind vielfältig: Verkehrs- und Berufsunfälle, Krankheit und Verschleißerscheinung sowie geburtsbedingte Ursachen. Mehr als 8 Millionen Behinderte leben in der Bundesrepublik. Mehr als 40.000 Kinder werden jährlich mit körperlichen, geistigen und seelischen Einschränkungen geboren. Ebenso viele Jugendliche verlassen jährlich als Lernbehinderte die Sonderschulen.

Jede Behinderung ist ein Schicksalsschlag, den der Betroffene überwinden muss.

Der Sport gilt heute zu Recht und unbestritten, wissenschaftlich untermauert und im Rehabilitationsrecht verankert zu einer herausragenden, die medizinische und berufsfördernde Rehabilitation ergänzende Eigeninitiative Behinderter, die ganzheitliche Wirkung zeigt und die verbliebene Leistungsfähigkeit, das Selbstbewusstsein sowie die Behauptung in der Gesellschaft stärkt.

Diese Ziele durch Projekte und Modellvorhaben zu erreichen, Projekte und Modelle wissenschaftlich mit Hilfe des wissenschaftichen Beirates der Stiftung zu untermauern und zu fördern, gehört zu den vordringlichen Aufgaben der Stiftung. Die Ergebnisse dieser Arbeiten werden der Sportpraxis in Sportvereinen und Selbsthilfeorganisationen dazu verhelfen, das sportliche Angebot am Wohnort der Behinderten zu erweitern oder das bestehende zu untermauern.

Nur eine gesicherte finanzielle Basis, die überwiegend durch Spenden geschaffen werden muss, gewährleistet kontinuierliche Arbeitsfortschritte der Stiftung.

Stiftung Behindertensport
Friedrich-Alfred-Str. 10. 47055 Duisburg

Spendenkonten
Commerzbank Leverkusen Kto. Nr. 4473633 , BLZ 375 400 50
Sparkasse Leverkusen Kto. Nr. 100103043 , BLZ 375 514 40

Behinderte machen Sport

Buchreihe des Behinderten-Sportverbandes Nordrhein-Westfalen

Bisher in der Buchreihe erschienen:

Bd. 1 Spiel und Sport für alle
248 S., Fotos, ISBN 3-89124-207-7

Bd. 2 Chancen der Integration durch Sport
232 S., Abb., ISBN 3-89124-266-2

Bd. 3 Spiele für den Herz- und Alterssport
264 S., Fotos, ISBN 3-89124-267-0

Bd. 4 Sport bei peripherer, arterieller Verschlußkrankheit
160 S., Abb., ISBN 3-89124-309-X

Bd. 5 Multiple Sklerose und Sport
216 S., Graf., ISBN 3-89124-339-1

Bd. 6 Sport als Erlebnis und Begegnung
258 S., Graf., ISBN 3-89124-338-3

Bd. 7 Morbus Parkinson – ein Leben mit Bewegung
200 S., Abb., ISBN 3-89124-420-7/ auch als Video erhältlich!

Bd. 8 Behindertensport in den Medien
192 S., Abb., ISBN 3-89124-508-4

Erhältlich im Meyer & Meyer Verlag • Von-Coels-Str. 390 • D-52080 Aachen
Tel. 02 41 / 95 81 00 • Fax 02 41 / 9 58 10 10
e-mail: verlag@meyer-meyer-sports.com • http://www.meyer-meyer-sports.com

Wissenschaftliche Editionen

Edition Sport & Wissenschaft
In dieser Reihe veröffentlichen Wissenschaftler, die es sich zum Ziel gesetzt haben, Probleme in der Sportpraxis zu lösen, ihre Arbeiten, um den Austausch zwischen Theorie und Praxis im Sinne eines besseren Sports zu ermöglichen.

Bisher erschienen Bd. 1-22

Edition Leichtathletik
Diese Reihe setzt sich vor allem aus Trainingsplänen zu den einzelnen Disziplinen der Leichtathletik zusammen und wurde in Zusammenarbeit mit dem Deutschen Leichtathletik Verband erarbeitet und von diesem herausgegeben.

Bisher erschienen Bd. 1-8

Behinderte machen Sport
In Zusammenarbeit mit dem Behinderten-Sportverband NW wird hier das große Feld des Sports von und für Behinderte behandelt. Dabei wird intensiv auf verschiedene Behinderungen und die resultierenden Möglichkeiten eingegangen.

Bisher erschienen Bd. 1-6

ADH-Schriftenreihe
Der Allgemeine Deutsche Hochschulsportverband greift in seiner Reihe die wachsende Bedeutung der Hochschulen im Bereich des Sports auf. Dabei werden die verschiedensten Themengebiete und Sportarten abgedeckt und erläutert.

Bisher erschienen Bd. 1-16

Edition Sport & Freizeit
Die Reihe greift vornehmlich aktuelle Problemstellungen aus Sport und Freizeit auf und versteht sich als Diskussionsforum für Fragen der angewandten Sport- und Freizeitwissenschaft.

Bisher erschienen Bd. 1-7

Sportforum
Mit dieser Reihe wird Nachwuchswissenschaftlern eine geeignete Plattform gegeben, um ihre Dissertationen und Habilitationsschriften vorzustellen und so die Forschungsarbeiten im Bereich des Sports einem breiten Publikum zugänglich zu machen.

Bisher erschienen Bd. 1-5

Veröffentlichungen des IAT
In der Zeitschrift des Instituts für Angewandte Trainingswissenschaft werden diverse Themen des Sports einer ausführlichen wissenschaftlichen Untersuchung unterzogen.
In der Schriftenreihe des IAT wird hingegen jeweils ein Thema vorgestellt und analysiert.

Sport im Dialog
Diese Reihe ist konzipiert als offenes Forum für Kongreßberichte, Symposien, wissenschaftliche Diskussionen, neue Tendenzen und Entwicklungen in allen Bereichen des Sports und der Sportwissenschaft. Bisher behandelt wurden die Bereiche „Schulsport" und „Sport mit Älteren".

Sportentwicklungen in Deutschland
Diese Reihe setzt sich zum Ziel, den Sport im Sinne einer empirischen Sozialberichterstattung zu analysieren. Dies geschieht vor dem Hintergrund der beiden Sportsysteme in Ost- und Westdeutschland, die durch die Wiedervereinigung zusammengeführt wurden.

MEYER & MEYER • DER SPORTVERLAG

Von-Coels-Str. 390 · D-52080 Aachen · Tel. 0241/95 81 00 · Fax 0241/95 81 010